一生お金に困らない脳の使い方

茂木健一郎

リベラル文庫

はじめに

私たちの「脳」と「お金に関する行動」は、実はとても深い関係にあります。

そして、お金持ちになる人の発想と行動は、貧乏な人のものとはまったく異なっているといえます。

すなわち、人には「**お金持ちや成功者に共通する脳の使い方（金持ち脳）」と「お金がなかなか貯まらない貧乏な人の脳の使い方（貧乏脳）**」があるということです。

金持ち脳は「お金がお金を生み出す」という思考で物事を考えることができる脳です。

世の中の成功者たちは、ほぼ例外なく、この「金持ち脳」を持っています。

その一方、貧乏脳は給料が入ったことでついつい気分が良くなり飲みに行ってしまったり、目的もなく衝動買いに走ってしまうという思考で、そのときのちょっとしたお金持ち気分を味わうことに快楽を見出してしまう脳です。

このような消費行動は、一時的に自分の欲求を満たしてくれるかもしれませんが、その場だけの満足感しか残りません。


本書では、脳科学の視点から見た、人間が性《さが》として持っている、驚くべき脳とお金の深い関係性について解説していきたいと思います。

そして、それを踏まえて、「**どのような脳の使い方をすれば豊かになれるのか、貧乏脳から脱出し、金持ち脳の持ち主になれるのか**」ということについてお話ししていきたいと思います。

ではここで皆さんに一つ質問です。

「なぜ、人はお金を貯めようとするのでしょうか？」

何かを購入するという目的がなくても、定期預金や積立をする人は多いはずです。

ある意味、無意識のうちにお金を貯めようと思って行動してはいないでしょうか？

実は、この貯蓄というのは、脳が人間の行動に影響を及ぼすことによって生まれる典型的な行動パターンの一つなのです。

人が貯蓄をするという行動は、「未来に投資をする」という意味合いが強く、これは脳が「自分の未来は明るいものだ」と思っているからです。

ある調査によれば、「あなたはあと何年生きると思いますか」という質問に対し、多くの人は平均寿命よりも自分は長く生きると思っているという結果が出ました。

数十年後に自分が生きているかもわからないにもかかわらず、それでも貯蓄をするということは未来に投資することであり、それは何の根拠もなく自分の将来にはきっと楽しいことが待っているのだという意思の表れです。

貯蓄というのは、脳が持つ楽観主義に基づく行動であるといえるのです。

そういった楽観主義の反面、人生の「不確実性」に対する備えという意味での貯蓄行動であるともいえます。

人生というのは「不確実性」から逃れることはできません。

一人ひとりの生活においても将来のことはわからないでしょう。

もちろん、誰もが「できれば不確実性から逃れたい」、あるいは「安全な所に居続けたい」と考えるものだと思うのですが、そのような「安全基地」をつくるためにいろいろな経験をしたり人脈を広げながら、自分なりの価値観を持って生きています。

それによって不確実なものを受け入れるバランスを脳が保とうとしているわけですが、その**安全基地の一つがお金（貯蓄）**というわけです。

ある程度の蓄え（貯蓄）があると、人間は安心できるのです。そして、その安心をベースにして、積極的な行動もとれるようになってくるのです。

このように、貯蓄をはじめ、**私たちが普段何気なく行っているお金に関する行動のほぼすべてを、脳が操っていることを知っていただきたいと思います。**

お金の話というのは、本来難しいものです。

私自身も家族や友人に面と向かってお金の話はなかなかできないのですが、

どのようにお金を稼ぎたいのか、あるいは有意義に使いたいかを考えることで自分自身の人生が見えてくることもあります。

一流の成功者やお金持ちというのは真剣にお金に向き合っているため、お金の話をすることを少しもためらいません。むしろ、お金の話をすることはいいことだと思っているので、堂々とお金の話をするのです。しかし、貧乏な人はお金の話を避けたがる傾向があります。

お金の話を堂々とできる人はお金を理解することができていて、収入や支出はもちろんのこと、節約といった細かなお金のことまでしっかり勉強しているのです。だからこそ、お金持ちになれるというわけです。

お金がなければ当然人間は不安になります。

では、お金があれば人間は幸せなのでしょうか。

お金を貯めることで私たち人間は、本当に前向きに生きることができるのでしょうか。

私たちにとって永遠のテーマでもあるお金について、ぜひとも一緒に考えていきたいと思います。

脳科学の最終的な目的は、人の幸せに寄与することだと私はいい続けています。

本書で、人が生きる上でとても大切な「脳とお金のメカニズム」について、脳科学的な解明をすることで、より多くの人の明るい未来に少しでも貢献できれば幸甚です。

茂木健一郎

目次

一生お金に困らない脳の使い方

茂木健一郎

はじめに……2

第1章　誰も知らなかった脳とお金のただならぬ関係

金持ち脳と貧乏脳の決定的な違い……18
金持ち脳は永久不滅の救世主となる!……23
金持ち脳と貧乏脳のターニングポイント……26
借金と脳に必要なリスクテイク……30
貯蓄と脳の関係…35
脳がつくりたがる安全基地とは?……40
消費行動は社会における存在意義の確認でもある……44

借金と脳…47
人はなぜギャンブルをしてしまうのか?……53
若いうちのお金は、経験という経済活動に使うべきである……58
アウェーに必要なお金は惜しんではいけない……63
上手なお金の使い方が仕事に生きる……67

第2章　人間の経済活動は、脳がすべて支配している

お金とは脳にとっての抽象的な報酬……72
本当に「生きたお金の使い方」ができているか……76
お金があれば何でも解決するのか?……79
脳科学でお金と幸せの関係を考えてみる……83

人間の本質的な幸せは、お金によって得られるものではない……89
それでもなぜ人はお金を追い続けるのか？……92
生活のためにお金を稼ぐ意識は、心を貧しくしてしまう……97
イギリスで学んだ「資本」の重要性……101
なぜ、ユダヤ人にお金が集まるのか？……104
アメリカのＩＴ長者たちが変えた、お金持ちの価値観……108

第３章　景気は脳に左右される

貯金がないと脳のバランスが保てない……116
投資に必要な「雑食性」の脳……119
自分の人生でイノベーションを起こすことを意識する……121

人の気分を動かせば、景気も動く！……125

第4章　お金を生み出す人間関係のつくり方

お金は人間関係を目に見えるようにしたもの……130
お金持ちの人間関係の本質……133
お金持ちの、人間関係を築く上でのお金の使い方……138
お金は節約しても、人間関係は節約してはいけない……142
お金持ちは良い人間関係を構築している……147
「自分が先に与える」ことが大切……151

第５章　お金持ちに共通する脳の使い方

お金持ちに共通する脳の使い方は「動かざること山のごとし」……156
「直感」を鍛える……160
成功者が持ち合わせている「根拠のない自信」……164
人生の経営判断に大切なこと……167
戦国武将の人生を賭けた大投資……171
投資や経営判断と無縁な人は、この世にはいない……173
お金持ちは真心と戦略を兼ね備えている……176
白洲次郎のプリンシプルを重んじる脳の使い方……179

第6章　実践！　一生お金に困らない脳の使い方

給与所得を維持しながら、事業所得も得るという働き方……184
脳が感じる「ワクワク感」の共感回路の強化が、お金を生む！……188
金持ち脳は、自分の好きなことをお金に変えられる！……191
ウィークタイ（弱い結びつき）が、イノベーションを起こす……195
お金に対する感覚を高めるトレーニング……197
お金がいくら儲かったかというのは、結果でしかない……200
仕事の満足度はお金では買えない……203

最終章　脳内イノベーションでお金を生み出す秘訣

アイデアをお金に変えられる時代……208
世界のアイデアが飛び交う、極上のカンファレンス「ＴＥＤ」……212
ついに語学力をお金に変えられる時代がやって来た……216
日本人が苦手とする英語のアウトプット……221
日本の教育に必要な破壊的イノベーション……224
ギャップイヤーによるイノベーション……229
シェアハウスに学ぶイノベーション……231
ブランド力の持つイノベーション……236

おわりに　あなたの脳が豊かで明るい未来をつくる！

……240

第1章

誰も知らなかった脳とお金のただならぬ関係

金持ち脳と貧乏脳の決定的な違い

「はじめに」でもご紹介したように、脳とお金という関係を考えたとき、お金持ちや成功者に共通する脳の使い方と、お金がなかなか貯まらない貧乏な人の脳の使い方に分類することができます。

簡単にいってしまえば、**金持ち脳とはお金を増やすことを考えている脳であり、貧乏脳とはただお金を使うことだけしか考えていない脳です。**

私がこれまでたくさんのお金持ちと出会い、学んできたことで、まず皆さんにお伝えしたいのは、「お金持ちの多くは最初からお金持ちだったわけではない」ということです。

お金持ちになった人は、自分の成長のための自己投資を怠らずに、10年、20

年先を見据えて普通の人よりも必死で努力してきた人たちです。
お金がお金を生み出す仕組みを知るために本を読みあさり、先人の成功者のセミナーや講演会に積極的に参加し、勇気を持って人脈をつくり、それらを参考に自分の能力をアップさせ、自分の価値と評価を高め、お金を生み出せる自分磨きに邁進《まいしん》した人たちがお金持ちになっているのです。

その一方で、「自分には特別な才能はない」と最初から諦めて、ただ単にお金を稼ぐために仕事をしている人というのは貧乏脳の典型的なパターンだといえます。

やりたくもない仕事を我慢しながら嫌々こなしている。そのような人は本気になって何かに打ち込んだ経験がない人でしょう。

しかし、金持ち脳を持っている人というのは、夢中になれる好きなことを仕事にしているので、たとえ辛い場面に遭遇しても我慢という感覚はないのです。

ではここで、目標を達成してお金持ちになりたいと思っている人に、金持ち脳と貧乏脳の特徴の決定的な違いを紹介します。

自分がどちらに当てはまっているのかをチェックしてみてください。

【金持ち脳の特徴】

・人間関係が幅広い
・自己投資にお金を惜しまない
・好奇心が旺盛である
・誰に対しても自分の知らないことを素直に質問できる
・人の話を聞いて即行動に移すことができる

・人の良い部分をすぐに真似することが得意
・偏見が少ない
・判断基準として、「まず何でもやってみる」という考え方を持っている
・夢や目標がはっきりしている
・朝型で健康に気を配り体を大事にしている

【貧乏脳の特徴】
・いざというときに頼れる友人・知人が少ない
・他人の意見や行動に流されやすい
・与えることより、もらうことばかり考えている
・常に受身で被害妄想に駆られてしまう
・「でも」「だって」「どうせ」が口癖

・気がつくと愚痴をこぼしている
・嫌なことは常に先延ばししてしまう
・目先の利益だけをつい追いかけてしまう
・夢や目標を掲げるのが苦手
・不健康で体のケアをあまり気にしない

いかがでしょうか。

金持ち脳の特徴に当てはまった人は、今はお金持ちではなくてもその素質があるといえますので、どうか自分を信じて突き進んでみてください。

もし、貧乏脳だったという人は、これからでも自分を変えていけるはずです。

なぜならば、**金持ち脳・貧乏脳というものは、生まれ持った素質や才能ではないからです。普段の生活の中でちょっとしたことを改善していくだけで、誰**

でも金持ち脳に変わっていけるのです。

基本的に人間の脳というのは環境適応力がありますので、金持ち脳の人の見方や考え方をしっかりと見て、感じて、身につけることで金持ち脳になる道が開けていきます。

金持ち脳は永久不滅の救世主となる！

貧乏脳を持っている人は「自分はなぜお金に縁がないのか」、あるいは「どうしたらお金持ちになれるのか」と考えてしまうようですが、貧乏脳を金持ち脳に転換しない限り、仮に運良く投資や宝くじで大金を手にしたとしても、すぐにまた貧乏に逆戻りしてしまいます。

しかし、金持ち脳を持っていれば、仮に事業に失敗したりして一時的に貧乏になってしまっても、すぐにお金持ちに戻ることができるのです。

つまり、**一度でも金持ち脳を持ってしまえば、それは永久不滅にあなたの救世主となって、幸せな人生を送るための心強い武器になり得るということです。**

それはなぜかといえば、お金持ちにはお金持ちならではの脳の使い方があるからです。それが「**お金持ち思考法**」というものです。

このお金持ち思考法とは、金持ち脳特有の「ビジネスで成功するための脳」であり、未来の自分のために勉強、行動することができる脳なのです。

貧乏脳な人ほど、すぐに結果を求めて利益を得ようとしたり、目先のお金が欲しいと思いがちですが、大切なのは、目先の50万円をもらうよりも10年後に1億円稼げることに目を向けられているかどうかなのです。

そのためには今が大変でも、自分にしっかりと投資をして目標を明確にし、それに向かって走り続けることが重要です。

今の苦しみからすぐに逃げ出す方法を考えるのではなく、「10年後をしっかりと見据えて、いかに自分の価値を高めていくことができるか」これが金持ち脳の思考法です。

ビジネスにおいてもそうですが、安定していて今すぐ儲かるような仕事ばかり追いかけていれば、その視野や思考がどんどん狭くなり、将来のビジョンが見えなくなってきてしまいます。

そこで、金持ち脳をつくる最初のトレーニングとして、まずは10年後にどのような自分になっていたいか、どのくらいのお金を稼ぎたいかを考えてみてください。

このときに重要なポイントは、「できるか」「できないか」という基準で考えないようにすることです。「**どのような10年後だったら自分は幸せか**」、あるいは「**いくら稼いでいれば自分としては成功か**」ということをワクワクした気持ちで考えてみることです。

人間の脳というのは快感や幸せをもたらすことで行動を強化する性質があります。

このメカニズムをうまく駆使することで、あなたは金持ち脳をつくる上で必要な行動を積極的に追求していけるようになります。

ですので、絶対にかなえられるということを前提で考えていきましょう。

金持ち脳と貧乏脳のターニングポイント

お金持ちになる人の発想は、貧乏な人の発想とはまったく異なっているといえます。

もちろん、お金持ちと貧乏な人の思考回路が同じであれば、すべての人がお金持ちになっているはずです。

つまり、みんなと違う発想やアイデアの源泉を持っているからこそ、それを成し遂げたときの報酬が多額になり、お金持ちになっているわけですが、他の人と違う発想を持つということは、リスクを取らなければならないこともまた事実です。

そこで、**お金持ちの発想力を身につけるためには、いかに考え方を柔軟にできるかがカギとなってきます。**

多くのビジネスパーソンは、何らかのかたちで会社などの組織に入って働くことになります。

そして、ほとんどの人は数年で、社会人になりたての頃の野心的な意識を徐々に忘れ去ってしまい、従順なサラリーマンに変貌していってしまいます。

貧乏脳は、何よりも先に自己欲求を満たすことで満足してしまう脳です。

「自分はこれで満足だ」、あるいは「普通が一番」などといった発想でお金が欲しいと思っていても、これではいつまでたっても貧乏脳のままでお金持ちにはなれません。

それを打ち破るために必要な思考や発想を持てるか、行動に結びつけられるかということが、今後の自分の幸せを大きく左右するといっても過言ではありません。

ここで自分の殻を破る勇気を持てれば、理想の自分と現実にギャップがあることを認識することができます。

サラリーマン生活が徐々に心地よくなるという「麻酔」のような感覚に眠ってしまうのか、それとも、これまでの経験と価値観を持って、新たなチャレンジを考えることができるかが、お金持ちになるための最初のターニングポイントであるといえます。

それには出世レースに参加する、あるいは起業するなどが考えられますが、もちろんこのようなチャレンジにはリスクが伴います。

実はここでも金持ち脳と貧乏脳の違いが出るものです。

しっかりとビジネスの仕組みを理解し、世間的な評価や動向などを客観的に考えることができるのはもちろん、自分に降りかかってくるリスクをしっかりと回避しながら、どのような活動をしていけば収益が見込めるのかということについて、自分なりに答えが出せるという、金持ち脳を持った人がビジネスの世界で成功していくのです。

もちろん、ビジネスを始めても借金などをつくってしまう人がいますが、これは金持ち脳が鍛えられていないからなのです。

借金と脳に必要なリスクテイク

借金を返すことができなくなり、破産してしまう人生というのは、リスクを取りすぎてしまった人生の末路であり、これもまた貧乏脳の特徴の一つでしょう。

よく日本人は「もっとリスクを取らないといけない」とされます。

もちろん際限なくリスクを取れということではなく、日本人は比較的他の国の人に比べると安全確実なことを求める人が多いので、それであればもうちょっとリスクを取るほうに行きましょうね、という意味です。

そして、そこに必要なのは**確実性と不確実性のバランスをとること**なのです。

ビジネスにおいてもそうですが、例えば新商品の開発をしているときに、一発ホームラン狙いの勝負に出るか、それとも地道にヒットやバントを重ねていくかという選択肢があります。

ここで重要なポイントは、**場外ホームランを打つ人は空振りもたくさんしているということです**。そのような不確実性に対する選択は、私たちの日常でも常に起こっていることです。

例えば、会議で発言する人としない人というのも、実は見方を変えれば確実性と不確実性を考えたリスクテイクです。

発言するというのは評価されるケースもありますが、場合によっては「何馬鹿なことをいっているんだ」と思われてしまう可能性もあるわけです。

ですので、リスクテイクできない人というのは、発言をあまりしない人が多いと感じます。

講演会で質問するということもリスクテイクであり、そういうところでリスクに対する感覚が鍛えられていくのです。

さらにいえば、営業マンの飛び込み営業も当然リスクテイクになります。

また、確率論で考えると、試行数が増えないとデータが十分には取れないので、リスクが取りづらくなります。

ですから、1回しか投資をしたことがない投資家というのは、明らかに経験不足です。投資回数が100回とか1000回になっていくと、データが蓄積されていくので自分の中でリスクの取り方がわかってくるのです。

そういう意味においては、大やけどしない程度に借金も投資も考えていくというのは大事なことです。

このようなリスクテイクというのは、実は誰もが子どものときから学んでいるものです。例えばババ抜きやポーカー、大富豪やＵＮＯなどのゲームです。

このようなゲームをやる中で、自分の中の確実性と不確実性のバランスのとり方を学んでいくのです。

私の研究によると、**リスクテイクのスケール感というのは、その人の経験によって大きく異なってきます。**大きな決断を迫られることが多い経営者やリーダーなどは、特にこのスケール感が問われる立場にいるといえます。

そして、まさに、**ここがお金持ちと貧乏人の間にある、決定的な脳の使い方の違いのポイントとなるのです。**

お金持ちになった人というのは、数多くの修羅場やリスクを経験しつつ、ピンチをチャンスに変えてきた人たちです。すなわち、リスクテイクに優れているということです。

その一方で、貧乏な人というのは、うまくリスクテイクができず、修羅場を潜り抜けられず借金をしてしまったり、投資に失敗してしまうことになってしまいます。

人生におけるチャンスというのは、万人に平等に与えられていると私は考えています。

それをものにできる人とできない人、お金持ちになれる人と貧乏な人の差とは、日々努力をし、そこから生まれる経験やスキルを積み重ね、最後の最後、それこそ99%まで成功に近づいたときに、最後の1%で脳の感情システムをフル回転させ、**確実性と不確実性を計算しながらリスクテイクをしっかりと考え**

ることができるかどうかというところにあるのだと思います。

貯蓄と脳の関係

ここで改めて読者の皆さんにお伝えしたいのは、**私たちの経済活動というのは、脳の働きによって操られている**ということです。

例えば、貯蓄という経済行動があります。

鳥には「キャッシュ」という行動習慣があるのをご存じでしょうか。

このキャッシュとは現金のことではなく、“cache”という「隠し場に蓄える」という意味で、これはリスがどんぐりを埋めたりするのと同じように、餌を埋めておく動物に見られる行動です。

その中には「カササギ」という種類の鳥がいるのですが、カササギは自分が埋めた餌の場所をしっかり覚えているだけではなく、餌を埋めるときに仲間が周りにいるかどうかということもちゃんと考えて、横取りされないようにしているのです。

さらには、埋めた餌が腐りやすい餌か、それとも長持ちする餌かということも覚えていて、最も的確な状態で餌を埋め、必要に応じてそれを食べるのです。

動物の世界というのはやはり「弱肉強食」ですから、動物たちは生きるために必要なものを「貯めておく」、つまりは「所有」するという概念や行動を身につけているわけですが、これは人間の世界でも同じことです。

特に現金はカササギの隠す餌に似ていて、**自分が持っているお金を保証するには他人がそれにアクセスできないようにしなくてはいけない、つまり法律的**

にいえば、現金を占有している人が所有者であると推定されるということなので、しっかり占有しておかなければならないということです。

その人が自分の影響下に置いているお金ということが、そのまま所有につながるということを考えれば、お金をなるべく多く占有している人が生きるリソースを得ているという状況が、人間の進化の過程の早い段階で生じていたのです。

つまり、これが今に続く、人間が根底に持っている、「お金を所有するという概念」です。そして、このお金を所有する概念が、段々スケールが大きくなってくると「貯蓄」ということになっていくのです。

ところが、現金というのは基本的に渡した瞬間に相手のものになります。これは一見すれば当たり前のことですが、よく考えてみると少し不思議な感じがします。

例えばコンビニで買い物するとき、1万円を渡した瞬間にそれはもう相手のものになってしまいます。

まさに**現金というのは動物の世界でやり取りされる餌と同じような状況にあるので、多くの人は安全基地（貯蓄）をつくりたがるというわけです。**

この安全基地ということを考えるとき、一番大きな問題は環境が変動するということです。

以前ベストセラーになったスペンサー・ジョンソンの『チーズはどこへ消えた？』（扶桑社）ではありませんが、まさに昨日まであったチーズが今日はないということが自然界では頻繁に起こります。

ですので、環境変動に伴う不確実性を避けるために、確実な貯蓄をするということがかなり初期段階からあったということです。

その貯蓄のレベルがどれぐらいであるかということは人によって違いがあります。

例えば「宵越しの金は持たない」という江戸っ子の考え方がありました。これは、江戸では職人は仕事さえあれば殿様だというようないい方が落語でされるように、社会が安定していてある程度食べ物や娯楽があったからこそいえたのです。

現代社会においても、年収が高い人でも貯蓄額がゼロという人も少なくないと聞きます。そのような安全基地（貯蓄）を持たない主義者というのは、それだけ自分を取り囲む社会や人間関係のネットワーク、さらには心と体のバランスが安定しているものなのです。

逆に、脳が自分の経済状況と心と体のバランスが不安定だと感じるときは、貯蓄というものが安全基地として必要になるというわけです。

つまり、**貯蓄が意外と少ない人というのは、比較的自分の周りの人間関係や社会的なネットワークがうまく構築できていると安心している人たちであり、「貯蓄しないと不安だ」という人たちは、それだけ脳が自分の周りの人間関係や社会的なネットワークが不安定だと感じている証拠なのです。**

脳がつくりたがる安全基地とは？

人は「確実性」という名の安全基地をつくりたがります。

ただし、ここで付け加えたいのは「貯蓄＝お金」というものが脳の確実性、つまりは安全基地を支配しているわけではないということです。

そもそも安全基地の原型とは、「親が子どものことを見守る」というところにあります。

しかし、あまりにも過保護で子どもが甘やかされてしまうと親離れできなくなってしまい、これでは本来の意味の安全基地というものではなくなってしまいます。

また、親にお金があったからといってその人の安全基地になるわけでもありません。

お金があまりない家でも親が十分愛情を持って育ててくれれば、それがその人の人生における安全基地の土台になるということです。

現在、多くの若者は安定志向で、一流大学に入って一流企業に就職するということのために生きていると感じます。

ビジネスにおいても、何かリスクを冒してでも、ライバルを出し抜いてやろうという強い意志を持っている人は少ないでしょう。

これも脳の安全基地が関係しているのですが、**安全基地というのはあくまで外に向かってチャレンジしていくのが本来の役割なので、安定型の安心というのは偽の安全基地なのです。**

一流大学に入って一流企業に就職するというのは、チャレンジとは関係のないことで、自分の安心や安全を確保しようというだけにすぎません。

社会の中で肩書やお金を含め、ある程度の保証が欲しいというのはいいのですが、そればかりを求めてしまう人というのは、人間関係のネットワーク、さらには自分自身に舞い降りてくるチャンスを逃してしまっている、つまりは成功者へのカギを見つけられない人の特徴だといえます。

お金は脳の安全基地の一部分でしかありません。

やはり人間関係におけるネットワーク、信頼、そして自分のスキル、知識、経験、そういうものが総合的に脳の安全基地となって確実性が生まれ、その分、不確実性を積み増すことができる人が、世の中の一流と呼ばれる人やお金持ちに共通する特徴なのです。

確実なことや不確実なことの内容は人によって違いますが、すべての人にある確実性と不確実性にそれほど大きな差はありません。

重要なのは、たくさんのお金を手に入れてきた人は、確実なことや不確実なことをうまく生かしながら人間関係やスキルを構築してきた人であり、お金があまりない人は、知識や経験、その人にしか持っていないノウハウやビジョンというものを、まだ生かしきれていないだけだということです。

それができるようになれば、どんな人にもお金は自然と集まってくるのです。

消費行動は社会における存在意義の確認でもある

次に、貯蓄とともに代表的な経済活動である、消費ということについてお話ししたいと思います。

買い物をしたり、お金を使ったりするとストレス解消になるといいますが、脳科学的にはお金を使ったり消費することはストレス解消と同時に、**自分の「パワー」の確認**という意味があります。

もともと人間が狩りをした時代には、獲物をみんなに分け与えるということが、その人の群れの中での地位の確立につながっていました。

これと同じく、自分のためであってもお金を使うということは、それが獲物を分け与えるということと同じように、**その人が社会の中で持っている地位の確認**をするということでもあるのです。

すなわち、お金を使った瞬間に、ちょっとした優越感や自分の存在意義の確認をすることになるのです。

もちろん、お金を使って商品とかサービスを手に入れることができるということも、脳はうれしいのですが、それ以上にお金を使うということ自体にその人の群れ（社会）の中の地位の確認ということが行われるということは、ある意味においては重要なことかもしれません。

シャネルやエルメスなどの高級ブランド店に行って、ついつい買ってしまう女性もいるわけですが、ブランド品を手に入れるということ以上に「お金を使ってしまっている私」というものが、優越感や自己肯定感の元になっているということです。

特に、「買い物依存症」の場合においては、もともと自己肯定感がそれほど高くない人がハマりやすいといえます。それは、どこへ行ってもお金を払うと「お客様は神様です」という風潮が日本では見受けられるからです。

例えばコンビニで缶ジュース1本買うだけでも、「いらっしゃいませ」と愛想よく接客してくれます。

逆にそういうことで自分を確認する必要がない人は、買い物でストレスを発散したり、お金を消費するということに強い関心を持たないということがあります。

このようなことを観察していると、やはり自信がないお金持ちほどお金を使う傾向にあるといえます。

飲み屋さんでみんなにおごるとか、キャバクラやクラブで高いお酒を飲んだりするというのは、意外と自分に自信がない人の存在意義の確認ということが多いのです。

借金と脳

経営者が銀行から莫大なお金を借りるときには、当然ながら脳にはものすごいストレスがかかります。

これはお金を借りるということで、自分の進退を含めた将来の生き方が支配されるという可能性が高いということを、脳が直感的に察知するからです。

さらにいえば、しがらみの中で生きていて、お金を借りるということは、自由が制約されるということなので、その恐怖感や不安感ということに脳は鋭く反応します。

有名な心理学者の河合隼雄さんが次のようなおもしろいことをいっていました。

「人間は生きる上でいろいろと矛盾を抱えて生きていますが、誰かに借金を申し込みに行ったときにお願いする相手のことが心の中では嫌いでも、借金をするという引け目があるからいい人だと思わなきゃいけないというところがあって、そういう矛盾が無意識のうちに蓄積してストレスになるのです」

基本的に借金をするというのは、ストレス以外の何物でもありません。

お金をあげる、あるいは貸すという立場であれば、それが自分の存在を確認できることにもつながりますが、**借金する立場というのは、お金を借りた人に支配されるということになります。**

例えるならば、昔から遊女になる人というのは最初に莫大な借金をするわけなのですが、それで年季が明けるまでは自由が奪われてしまいます。やはり、借金というのはそういった不自由さと結びつくのです。

住宅ローンにしても家を建てたら30年や40年のローンが待ち構えています。それはつまり30年、40年はずっと働き続けないといけないということですから、その時点で未来に向かって自由を失ってしまうというわけです。

お金と自由というのは実は大きな結びつきがあり、ポケットの中に1000円しかない状態で街を歩いているのと、10万円持って歩いているのでは感じる自由がまったく違います。

だからこそ、**脳にとってお金があるというのは、自由を感じる、非常に重要な要素**になってくるということです。


もちろん、これは社会的な自由であり、社会とは一切かかわらず自分の中だけでできることに自由を感じるのであれば、お金がなくても問題ないわけです。

例えば紙が1枚あって、そこに自由に絵を描くというときには、お金があるなしで描く絵は変わらないはずです。

しかし、どこかに旅行をする、あるいはレストランに行くというときには、お金があるなしでは感じる自由が全然違います。

そのような意味でいえば、お金を得ることのメリットは「自由がある」ということだと思います。

例えば、貯金がたくさんあれば、「働かない」というオプションが生まれます。それによってこれから1年間勉強する、あるいはこれから1年間海外留学するということができるわけです。

つまり、お金を得るメリットというのは、自由を得ることによって次の人生のステージに行くためのオプションが得られるということです。

そのようなときに問題なのは、1万円しかないときに10万円のほうを見てしまうことです。**自分が持っているお金と理想のギャップというものは人を不幸にしてしまうからです。**

私の場合でいえば、自分の意思で何か行動したいと思ったとき、そこにお金が必要な場合は「お金がある範囲でしか動かない」ということを決めています。

例えば、1万円があったらその範囲でも楽しいことはたくさんあります。本を読んだり、ご飯だって普通に食べることができます。

多くの人が自分の収入に見合った生活をしていると思うのですが、もしも今自分が住んでいる家に不満があって、「なんで自分は南麻布や青山に住めないんだろう」と考えたり、「本当はスポーツカーに乗りたいのに軽自動車にしか乗れない」と思うことで脳は不幸を感じてしまいます。

しかし、自分のできる範囲で行動していれば、お金の問題で悩んだり、ストレスをため込んで苦しむことはないのです。

これが脳にとっては極めて重要なことなのです。

人はなぜギャンブルをしてしまうのか？

私はときどき、「茂木さんは理系なので、理系の数学的知識を駆使して競馬や宝くじを当てる確率を上げることはできますか」と聞かれることがあります。

しかし、ギャンブルというものは、確率的にいえば必ず損をするようにできています。

これは、いわゆる金融工学と呼ばれるものなのですが、昔からギャンブルで儲けた人はいないといいます。

もちろん、たまに大儲けしたりする人もいるとは思いますが、このようなギャンブルで儲かる唯一の方法は胴元になることです。

有名なオーストラリアの小説の中で、"Lottery is a taxation on ignorance"

（宝くじは無知への課税である）という表現があるのですが（私も同感なのですが）、**それでもギャンブルをやってしまうところに人間の本質が表れていると考えざるを得ません。**

たまにですが、私も競馬などで賭けることはありますが、それはあくまでもエンターテインメントとしてやっているわけで、ギャンブルにのめり込んでしまい、それで生活するということはあり得ません。

このようなギャンブルの常習者は明らかにハイリスク、ハイリターンを取る傾向があります。

脳科学的な知見で考えてもギャンブルは依存性がすごく強いので、人生の中で損をするのでやらない、あまり近づかないというほうが無難でしょう。

確かに、ヨーロッパなどに行くと競馬は貴族の遊びだという認識があったりしますし、宝くじにしてもその収益金がどのように世の中に役立てられるのかを考えれば、完全に否定するつもりはありません。

北島三郎さんは、今まで馬に使ったお金を貯めていたら、かなりの額にもなっただろうというお話をされていました。競馬で本当にたくさんお金を使う人というのは、馬券を買う窓口に１００万円の束でお金を持って行くらしいのです。そういうことにスリルを感じてしまったりするというのも脳の性質といえます。

世の中にはさまざまな金融商品がありますが、「利回りがマイナス25％」の金融商品があったとしたら、誰も手を出そうとはしないはずです。

ところが、控除率（運営主体の取り分）が約25％の馬券はなぜか買ってしまうわけです。宝くじに至っては控除率が約50％です。

このように冷静に考えれば損をしてしまうことはわかっているはずですが、なぜか人はギャンブルをしてしまう。

実に不思議な性質を持っているといえます。

もともと脳はリスクが好きなところがあるのですが、ここまでお話ししてきたように、脳にとって最も大切なミッションは、やはり確実さと不確実さのバランスをとるということです。

確実なものがある分、不確実さも積み増していいはずなのですが、このバランスが外れてしまった人というのは確実さを失ってしまい、借金しているのにギャンブルをしてしまうということになってしまいます。これは明らかに病的な領域です。

中には「人間は愚かなことをやるのが美学だ」と思っている人もいるでしょう。確かに一時の損得だけで行動したり、リスクばかりを気にして何も挑戦しない人生というのはどこか味気ない気もします。

一見愚かな行為に走ってしまっても、人生という長い尺度で物事を考えれば、何かの意味があるのかもしれません。

もちろんですが、考えなしに損をしたり、自ら危険を求めていくというのは愚か以外の何物でもありませんが、ギャンブルをしたり、損をしてでも危険を冒してでも何かを成し遂げたいというときが人生にはあるのかもしれません。

そのときには、その人の人間性と深い意味での賢さが問われることは間違いないのです。

若いうちのお金は、経験という経済活動に使うべきである

堀江貴文さんは本の中で、「お金を稼ぐことよりも、その稼いだお金で自分が何をしたいのかということが重要だ」ということを述べていました。

私はここに、人間のお金に対する美意識が表れるものだと考えます。

そこを考えたとき、私の場合でいえば「**とにかく経験に使う**」というポリシーがあります。

私は「所有」、つまりお金でいうところの貯蓄ということには淡泊なほうですが、例えば絵を購入するということなどには、とても興味が引かれます。これも立派な経験だと思うのです。

絵を眺めているだけでも英知を養える経験になります。

また、学生にご飯をおごったりするのも経験ですし、両親に毎年旅行をプレゼントして陰徳を積むというのも経験です。デパートに行くとパテック・フィリップやフランク・ミュラーといった高級時計がありますが、私にとってはこれらを購入したところで、まったく経験にはならないのです。

ここでいう私の経験とは、極端にいってしまえば「墓場に持っていける幸せ」ということになるのではないでしょうか。

学生におごったお金が生み出す「飲み会の空気感」や、そのときの会話というのは自分の中に今でも残っています。つまりは**脳の中に残るものにお金を使う**ということが私のポリシーなのです。

もちろん、たくさんお金を稼いだ人には、たくさん使うことが許されますし、稼いだ金額を超えなければ何に使ってもいいという特権があるでしょう。

しかし、将来をしっかりと予測して無駄遣いをしない、それでも使うときには豪快に使う。言い換えれば常に蛇口の水が出っ放しではなく、一滴も水が出てこないくらいお金に対してシビアになれるかどうかが、一流の成功者やお金持ちに共通するお金の使い方です。

毎月稼いだお金を好き放題に散財し、残った金額を貯蓄するのは子どもの貯金と同じレベルです。

今の時点でお金に困っているわけではなくとも、この先自分はこういう人生を歩みたいから今の生活レベルはこの程度、と決めることが大事です。

お金がある、**あるいはお金持ちであるということの一番の特権とは「人生の**

選択肢が広い」ということだと私は考えています。

どんなにお金を稼いでいても、それ以上にいろいろなことを犠牲にしたり、いろいろな経験や人脈がなければ、それはそれで寂しいものです。

このようなことは、いくら経済学を専攻しても学校で教わったり考えたりできないことです。

やはり脳科学者の立場からいえば、**経験以外に人間が持ち運べるものはありません。**だからこそ、若いうちのお金は経験という経済活動に使うべきであるというのが私の持論です。

そして、若いうちに少しは「背伸びをする」ということも、すごく大事なことだと思います。「学生だから無理だ」と思わずに、真っ先に貯蓄という安全基地を確保しようと考えるよりは、多少であっても無理のある自己投資をしたほうがいいくらいです。

私が学生だった頃、ガールフレンドとオペラに行ったり、時々いいレストランに行ったりと、今考えればちょっと背伸びしてしまった自分がいました。

そのガールフレンドとは「月に1回はいいレストランに行こう」と約束をしてしまって、高級フランス料理のレストランに行ったことがあります。

そして、「大きいお皿が置いてあるなあ」と思っていたのですが、料理を注文したらその皿が持って行かれてしまい、とても驚いたことがあります。そのとき、それが「飾り皿」というものだと初めて知ったのでした。

さらにはデザートを持って来る前にナイフみたいなのでパンくずをすくうのを初めて見て、「ああっ！　すごい！」と感動したことも覚えています。それもまた経験なわけです。

アウェーに必要なお金は惜しんではいけない

ホテルやレストランなどで働くシェフは、勉強のために、いろいろなホテルやレストランに行って料理の味やサービスを学ぶといいます。

それをするのは、結局はそれが巡り巡って、また次のお金を生むということにつながっていくからだと思います。

自分への投資というときに、注意しなければならないことは、経験というものを狭く捉えないということです。

いわゆる英会話とか資格試験とかいうだけでは、かえって経験値としては生かせないことが多くあります。

自分への投資や経験というものはもっと複雑なもので、その人が自分をどう磨くかによって経験値というものはまったく変わってきてしまうのです。

経験値を高めるために必要なことは、自分にとってアウェーを見つけるということです。このアウェーを常に求め、そのためにお金が必要であれば、そのお金は惜しみなく使うということです。

私が経験した最大のアウェーとは、ケンブリッジ大学に留学したことです。

そのときケンブリッジ大学には、ブライアン・ジョゼフソンという教授がいました。彼は22歳のときに書いた卒業論文でノーベル物理学賞を受賞したという男です。

このジョゼフソンは学生の頃からとても優秀で、なおかつ自信に満ち溢れた学生としてケンブリッジでも有名だったようです。

その逸話として有名なものに、彼が出席する講義では権威ある教授すら緊張していたというものがあります。さもないと、講義後にジョゼフソンに丁寧に間違いを指摘されることになったからです。

ノーベル賞を受賞した学者は世の中に数多くいますが、彼の優秀さのレベルはまったく別物なのです。

このような男がいる環境での経験というものは、日本のトップといわれる東京大学でも得ることはできません。

最近では、海外に留学する人が減っているといいますが、脳を日頃から慣れ親しんでいるホームに閉じこもらせずに、未知の世界であるアウェーに飛び出させてみてください。

ビジネスにおいても、常に慣れ親しんだ人や場所だけで仕事をしていては、能力が向上していくことはありません。

確かに新しい体験をすることは心と体に大きな負荷をかけるわけですが、その体験を通じてアウェー脳が発達し、脳内に新しい神経細胞ネットワークが育ってくることになります。そして人は逆境にも強くなり、たくましく成長することができ、それが将来の経済活動を支えるようになるはずです。

私の親友にサイエンスライターをやっている竹内薫がいますが、彼もいろいろな世界を見ている人間です。

今では数多くの著作のほかにも、ＴＢＳの情報番組『ひるおび』のコメンテーターやフリースクールを設立し、校長としてスクールの運営に取り組んでいます。

そこには、彼の仕事の幅の広さや深さを感じることができます。

それも、彼なりのアウェー経験が生かされているからではないでしょうか。

上手なお金の使い方が仕事に生きる

幅広くいい仕事をしている人というのは、例外なく、上手なお金の使い方をしていて、それが実際に上手に仕事に生かされています。

そのような人たちの共通点というのは、**大好きで得意なことをとことん追求していること**です。それがたとえお金にならなくても、人としての幅を広げられるという観点でいえば幸せなことのはずです。

人はどうしても自分にないものを持っている他人に憧れてしまうものです

が、人と比べたり競争したりせずに、自分はどういう才能を持っているかを知り、自分が好きで得意なことを探していくことが重要です。

実は、幅広くいい仕事をしている人というのは、自分が好きで楽しいことしかしていないと思っているものです。私がそれを感じたのは京都吉兆嵐山の三代目料理長である徳岡邦夫さんとお会いしたときです。

徳岡さんは料理界では知らない人はいないほどダントツにすばらしい料理人です。彼の仕事の幅の広さや遊びの上手さには定評があります。

例えば、月見の季節にこの吉兆嵐山に行くと、さりげなく座敷の片隅に銀色のお皿みたいなしつらえがされてあります。これは、付け焼刃の高級料理店とは仕事のレベルがまったく違うものです。

このような「プレゼンテーション」を見ると、やはり裾野の経験の幅が広い方というのは、上手なお金の使い方ができているなと感じます。

徳岡さんとお話をしていても、彼の中に物欲らしきものを感じることはありません。

美味しいものを食べて、美味しいものを飲んで、おもしろい遊びをしてというところが、仕事に生かされているのだろうと思います。

ビジネスにおいては、「**点と点**」**をいかに結ぶことができるか**が成功のカギを握っていると思います。

これは、プライベートで得た知識や経験をいかに仕事に結びつけることができるかということになるのではないでしょうか。

つまり、常日頃からいろいろなものにアンテナを張って、柔軟な思考で物事を考えることが必要だということです。

そして、「点と点」を結ぶためには、自分自身が補助線になることが必要なのです。

アップル社の創始者であるスティーブ・ジョブズは、大学でカリグラフィの勉強を熱心にしていたのですが、学校を辞めることになったときでもカリグラフィの授業だけ出ていたという逸話があります。

それがマッキントッシュを作るときに大いに役立ったのです。

最初は何と何が結びつくかは誰もわかりません。しかし、自分が得た教養や経験したことがいつかつながっていって、実を結ぶときが来るかもしれません。

これがまさに「点と点」が結びつくということなのです。

第2章

人間の経済活動は、脳がすべて支配している

お金とは脳にとっての抽象的な報酬

脳は基本的に、自分にとってうれしいものを報酬として捉え、その報酬をより得られるような行動を学習するという性質があります。

太古の昔、人間が狩猟や採集をしていた頃というのは、「ここに行けば美味しいフルーツがある」とか、「こうやってみんなで力を合わせて狩りをすると獲物が捕れて美味しい肉が食べられる」ということで、みんなで協力するという行動が学習され、それがやがて習慣化されてきました。

実際、人類における共同作業というのは、この狩猟が起源ではないかといわれています。そして、その成果であるフルーツや肉といった**食べ物を一つの報酬として、**みんなで分かち合うという喜びが共有されたのです。

すなわち、お互いが相手に何かを与えるという行動が、生きるために必要なことであると脳が捉えることで人間は進化してきたのです。

また、子孫を残すということでもそうです。現代風にいえば異性にモテたいということでも同じなのですが、異性にモテるためにはこういう行動をとったほうがいいだろうと脳が判断することによって、子孫や異性という報酬を得てきたわけです。

ここで挙げた「**食べ物**」や「**異性**」というのは、生物としての非常に具体的な報酬だといえます。生き物として生まれたからには絶対に欠かせないものです。

このようなものを脳科学の世界では"Concrete Reward"「**具体的な報酬**」といいます。

これは、脳の報酬系であるドーパミンと呼ばれる中枢神経系にある神経伝達物質が、中脳から前頭葉に向かうことで、報酬系の神経が活動するという作用がもたらすものです。

この報酬系の働きは、学習や習慣化への適応において、とても重要な役割を果たしています。例えば、「今日は恋人と美味しいものを食べに行こう」などといった報酬を予測することで、目の前の仕事を頑張れるのは、まさにこの報酬系の神経が活動しているからです。

このような「具体的な報酬」に対して、「**抽象的な報酬**」というものがあります。**その一つがお金です。**

お金というのは脳科学では、“Abstract Reward”（抽象的な報酬）と呼ばれるもので、食べ物を直接手に取って食べたり、異性と直接的に接するようなものではなく、その存在自体がもっと抽象的な価値を持っているものです。

お金と同じように抽象的な報酬として捉えられているのが、**社会における評判だったり、誰かに認められるといった評価**です。


現在の脳科学の研究でわかっていることは、人間はこのような**抽象的な報酬にも脳が喜びや快感を得て、ドーパミンのような報酬系の神経伝達物質を出す**ということです。

つまり、**人間というのはお金という抽象的な価値を求めて学習し、進化してきた**といえるわけです。

本当に「生きたお金の使い方」ができているか

お金に対する価値観の大部分は、その人の生い立ちに影響を受けています。両親から「お金は大切に扱わなければいけない」、あるいは「お金を節約しなくちゃいけない」ということを子どもの頃から聞かされていた体験が、その人のお金に対する考え方や価値観になっていることが多いのです。

私自身、お金について真剣に意識し始めたのは小学生のときでした。私の父親は普通のサラリーマンでしたので、それほど裕福ではありませんでしたが、生活は安定していたといえば安定していたかもしれません。当時、50円のお小遣いをもらい、駄菓子屋さんに行くとかなりのお菓子が買えたのを覚えていて、「お金ってすごいんだな」と思ったのもこの頃でした。

私が小学校低学年のときというのは、高度成長といってもまだいろいろと問題があった時期でした。

例えば給食代を持ってこられない子がいるということなどは、何となく意識していたかもしれません。

しかし、不思議なことに、お金についてはものすごく鷹揚な感じだったと記憶しています。

今でも覚えていますが、最初に「働いた」のは小学1年生のときです。

どうしても欲しいおもちゃがあって、母親に思いつきで「近所の八百屋でアルバイトをさせて」とお願いしたのです。もちろん、小学1年生なので「働く」というよりは「お手伝い」といったほうが正しいかもしれませんが。

それで1週間ほど、1日100円で、もやしを箱に詰める手伝いをさせてもらいました。すると、半ズボンをはいた子どもが、寒い中でもやしを箱詰めしているのを見た近所の主婦たちが、「あらー、寒いのに頑張っているわねー」と同情してもやしを買ってくれたのです。それが人生で最初のバイト体験でした。

高校生のときには近所の小学生の家庭教師をやったり、大学に入ると塾講師や模試の採点をしたりしました。

そうやって稼いだお金は、ほとんど友達との飲み会などに使っていましたが、気持ちはとても幸せだったのです。

また、大学生のときには、懸賞論文を書いて賞金を稼ぎ、カナダ、ハワイ、バリ島、サイパンにも旅行することができました。

私自身、脳科学の研究をやる前から、「生きたお金の使い方」を実践していたのかもしれません。

お金があると人は気分がいいので、そこにポジティブなスパイラルが回りだ

してまたお金が来る、というようなことを学べたからこそ、生きたお金の使い方ができるようになったのだと思います。

「自分は貧乏だ」というように思っている人というのは、やはり心もネガティブになってしまうので、そういう人にはお金や人が集まらないというスパイラルがあるのです。

お金があれば何でも解決するのか？

以前、堀江貴文さんが「お金で買えないものはない」といったことがあるそうですが、お金があれば幸せになれるのか、お金があれば何でも本当に解決するのかという問題についてお話ししたいと思います。

お金と幸せは必ずしも一致しないということがいえます。

基本的に**人間の幸せや人生観というのは複雑系なので、お金では測れない**ものなのです。これは、頭の良さをその人の性格とか偏差値で測れないのと同じです。

お金は、それだけを物差しにすべてを測るというよりも、多様性を育むための助けにするというような考え方が一番いいのかもしれません。

例えば、女の子も好きな人がお金を持っていたら一つの助けにはなりますが、「お金持ちだから」といって異性になびくということはあまりないはずです。

確かに、結婚条件などで「年収いくら以上」という方もいるかもしれませんが、これはお金を抽象的に考えているからこその反応なのです。

つまり、お金というのは脳科学的に分析すると「**抽象的な思考**」ということなのです。

私が以前、どこかの講演会の後に雑談をしていたら、一人の女子高生が「私、年収３０００万円の人だったら結婚を考えてもいいかも」というようなことをいっていました。

私はそれを聞いて、「あー、彼女はまだ人間関係をしっかり築いていないんだな、だから、抽象的に年収３０００万円の男の人というような想像をしているだけなんだ」と思いました。

実際、「では、この人は年収３０００万円だから結婚しますか」と聞かれたとしても、きっと嫌だと思うのです。

人間の幸せや人生観というのは、人間としての総合的な力で決まります。

お金を優先して物事を決めたり、年収が高いからといって結婚してしまうことによって、それこそ「1日いくら分の苦痛を感じるか」ということを考えてみてほしいと思います。

また、いくらお金を持っていてもその人が幸せだとは限りません。

年収数億円を稼ぎ出すような証券マンが、必ずしも幸せかといえば疑問がありますし、いくら儲かっている会社の社長でも、社員から信頼されていなければ、それはとても不幸なことです。

そのようなお金持ちというのは常に不安がっています。つまりはお金の切れ目は縁の切れ目だということをわかっているからです。

その人の人間的魅力で人が集まっているのではなく、お金があるから来ているとわかっている人はすごく寂しい人生です。

以前、都内の高級ホテルにあるレストランに行ったときに、たまたま隣のテーブルにすごいお金持ちそうな男性が女の子を二人連れて食事に来ていました。女の子たちが本当につまらなそうな顔をしているのを見て、「かわいそうに。せっかくこんないいところに来たのに」と思ったものです。

お金だけを目当てに割り切っている人間関係は、やはり長続きしません。

それであれば、自分の好きな男の子とラーメン屋さんにでも行ったほうが、私は幸せだと思うのですが。

脳科学でお金と幸せの関係を考えてみる

最近では、お金と幸せの関係というのが非常に注目されています。

ある調査によれば、**自分の収入が10％上がったとしても、それによって幸せ**

だと感じる人は意外にも少ないとのことです。

さらにいえば、年収が４００万円から９００万円までの人の幸福感にも、あまり差はないそうです。

ところが、逆に年収が１０００万円以上になると幸福度が下がるそうです。それは、仕事における責任や重圧が増すことによって、ストレスが蓄積されてしまうからです。

そう考えれば、年収１０００万円以内でも、上手に生活のやりくりをしながら好きなことをやって暮らすということが、脳にも一番幸せな生き方なのかもしれません。

お金があるから幸せだとは限らないということは、すでに誰もがわかっていることだと思うのですが、皆さんは、「イースタリン・パラドックス（イースタリンの逆説）」という有名な幸福経済学の研究があるのをご存じでしょうか。

これは、南カリフォルニア大学の経済学者リチャード・イースタリンにちなんで名づけられた、幸福度と所得水準との関係性を説いたものです。

イースタリンは１９７４年に発表した論文『経済成長は人間の運命（幸福）を向上させるか？　いくつかの経験的な証拠』の中で、「第２次世界大戦後に急速な経済発展を遂げた日本における生活に対する満足度は低下している」との調査結果を例に挙げて、経済成長や所得水準だけでは国民の幸せは測れないと主張したのです。

そして、自国であるアメリカに対しては、「貧しい人はお金により幸福感が増す。しかし、中流に達すると、それ以上お金が増えても幸福感はあまり変わらない。ある研究によれば、年収が７万５０００ドルを超えると、お金が増えても幸福感はほとんど増えない」と主張しました。

さらに、これは日本やアメリカだけに限らず、中国やヨーロッパにおいても同様だとイースタリンは説いています。

約20年にわたって急速な経済成長を成し遂げた中国においても、イースタリンは"Proceedings of the National Academy of Sciences"という科学誌に掲載された論文の中で、「中国は一人あたりの消費水準が4倍に改善した結果としては、期待されるほど、生活満足度が大幅に増加している証拠はない」（China's life satisfaction, 1990-2010）という調査結果を発表しました。

確かに全体的に見れば、中国の富裕層は以前より少し幸福度が増しているようですが、低所得層では生活の満足度が急激に落ちているようです。

このように、お金と幸せの関係性というのは過去にも研究されてきた分野であり、一般的には金銭的に豊かな人は貧しい人よりも幸せかもしれませんが、**脳科学的な知見でいえば、経済的に豊かな人が貧しい人よりも幸福度が高いとは限らない**といえます。

それは、ある一定以上の所得水準を超えると、所得の伸び率と幸福度の高まりが必ずしも比例しないからです。

確かに、お金持ちであっても幸せそうに見えない人もいれば、それほど裕福でなくても笑顔の絶えない家族があるのも事実でしょう。

「お金が人生のすべてじゃない！」

「家族みんなが健康で食べていけるだけのお金があれば十分だ」

このような考え方も私は否定しません。

だからこそ、ブータンで行われている、国民一人ひとりの幸福度を引き上げ、国全体の幸福を最大化することを目指すという、国民総幸福量（ＧＮＨ：Gross

National Happiness）を増加させる取り組みが注目されているわけです。

確かに、ＧＮＰ（国民総生産）やＧＤＰ（国内総生産）といった資本主義的な価値が、その国の経済成長指数であるのは間違いありませんが、これらの数値だけでその国や国民の幸せは決まらないということです。

経済成長や所得水準だけでは幸せは決まらないとはいうものの、だからといってお金がないとやはり社会では生きてはいけません。

そこで重要になってくるのが**お金と幸せのバランス**です。

人間の本質的な幸せは、お金によって得られるものではない

戦後、内田百閒《ひゃっけん》は、お金のないときにお酒を飲む際、ご飯粒をつま楊枝に刺して七輪で炙《あぶ》り、それを醤油につけてつまみにしたのです。そして、それが最上の幸せだといったそうです。

確かに、高級料亭で美味しいお酒を飲むよりも、安酒で、ご飯粒を醤油につけてというのは、究極の自由という意味でいえば贅沢な気がします。

また、今でこそ何億円もするような千利休の茶道具がありますが、それらはもともとは利休自身が竹藪《たけやぶ》に入って竹を切って作った花入れや茶杓《ちゃしゃく》であって、原価はタダ同然だったはずです。

それを考えれば、すごく安いものと高いものの価値観というのはつながって

いて、ある程度の経験をすることで見えてくることがあります。

私は学生のときに飛行機のエコノミークラスにしか乗っていないときは、「ビジネスクラスやファーストクラスに乗ると、どんなすごい世界が待っているんだろう」と思っていた時期がありました。それこそ優雅にシャンパンを飲みながらキャビアを食べたりするとどんな気分なんだろう、と。

そのうち社会人になって、仕事などでビジネスクラスやファーストクラスに乗せてもらえるようになったときに、「ちょっと狭くて寝にくいけど、エコノミークラスでも十分だな」と思うように心境が変化していったのです。

「ああビジネスクラス、ファーストクラスいいなあ」と思っていても、実は想像している以上の大した差はありません。

ここで肝心なのは、**人間の本質的な幸せというものは、お金によって得られるものではないということを理解するためには、ある程度経験しないといけな**いということです。

本来持っている、人間とお金の関係上の性《さが》を乗り越えて、自分が幸せであるという境地に行き着くということこそ、幸せの本質だと私は思います。

読者の皆さんも、改めて幸せの本質を目指してみてはいかがでしょうか。

そのためにはある程度のお金を稼いで、そういうことも経験してみて、その上で「ああ、お金だけで幸せって買えないんだ」と思えたら、それは素敵なことだと思います。

私が育ったのは埼玉県だったので、東京に対するコンプレックスのようなものを持っていました。

今になって青山や赤坂を歩いていても、レストランに入ってみても、「なんで、あのときあんなコンプレックスを持っていたんだろう」と不思議になることがあります。

でもそれは、私自身が社会に出ていろいろな経験を積んできたことによって、幸せの本質に近づけたからにほかならないのです。

それでもなぜ人はお金を追い続けるのか?

世の中にはたくさんお金を持っている人がいますが、それでも満足できなくてずっとお金を追い続けるというタイプの人がいます。

おそらく、そのようなタイプの人は幸福度が低いのだと思います。

私は脳の研究をしていて「**幸福とは何か**」という、人間が生きる上でとても重要なテーマを扱っているのですが、お金ばかりを追及している人というのは、生活の幸福度や満足度が低いことが多いのです。

だからこそ、宮崎駿《はやお》さんや大谷翔平選手のような生き方に憧れるのです。芸術家やアスリートというのは、お金が目的ではないということがなんとなく理解できるはずです。

絵コンテを描いている時間というのは、それが楽しい、うれしいということであって、その結果として宮崎さんの場合であれば映画が成功してご自身も経済的な見返りがあると思うのですが、そこでは、お金を追うことが本筋ではないということです。

また、大谷翔平選手が１本ホームランを打てば、いくらの儲けという意識で打席に立っているとは思えません。

お金自体を目的とするということは、お金を儲けるということにおいては役立つこともあるかもしれませんが、クオリティ・オブ・ライフ、あるいはどれくらい幸せかということこそが、お金と幸せのバランスを考える上での重要なポイントなのです。

人間には所有欲というものがあり、お金があれば物やサービス、あるいは時間を買ったりできる。そのためにいかにお金を稼ぐか、お金を貯めるかということを考えるものだと思います。

しかし、**お金自体を目的にしてしまうと、人間の脳が本来最も喜びや幸せを感じる「生きる手段」からずれていってしまう**と思います。

また、不思議なことに、他の人が貧乏なのに自分だけがお金を持っている状況に対して、脳はあまり幸せを感じないようなのです。

脳科学の研究においても、自分がすでにお金をたくさん稼いでいるときに、自分がさらにお金を稼ぐのと、自分の周りの人たちがお金を稼ぐことのどちらがうれしく感じるものなのか、というテーマがあります。

普通であれば、自分がお金を稼ぐほうがうれしいはずなのですが、自分がすでに満足するほどのお金を稼いでいる場合に限っては、周りの人がお金をたくさん稼ぐことがうれしくなり、脳内のドーパミンなどの報酬系が活発化するのです。

つまり、**不平等が減るほうが脳にとっては幸せ**であるということが研究でわかっているのです。

確かに、お金をたくさん稼ぐ、お金をたくさん持っているというほうが幸せかもしれないということは誰もが思うことかもしれません。しかし、その一方では、周囲の人たちとの人間関係や時間の共有といったことも幸せということに大きく関係しているのです。

このように、**あまりにも貧富の差がありすぎると結局は幸せに感じないわけ**です。

だからこそ誰かにプレゼントをあげたり、飲み会でおごってあげたりするような行動が生まれるわけです。

そういう、**「生きたお金の使い方」をすることが自分の幸せにもつながる**ということが、脳のメカニズムでも解明されているのです。

そのような意味において、日本のお笑いタレントで映画監督の北野武さんは理想的だといえます。

お金もあって成功もしていますが、自分だけ売れて幸せというよりは、軍団のメンバーを育てながら幸せの還元を考えていたり、「俺は浅草に育ててもらったから浅草にお金を返すんだ」ということで、浅草で声をかけられた道行く人に、お金を渡したりしていたという話も聞いたことがあります。

生活のためにお金を稼ぐ意識は、心を貧しくしてしまう

当然ですが、名誉はお金では買えません。例えば、ノーベル賞は10億円出せばもらえるものではありませんし、国民栄誉賞も同じです。

人間はお金を手にすると、次に名誉を求めます。

それは、スポーツ選手も同様です。

何億円ももらっているクラブチームでの試合よりも、ナショナルチームの一員として国のために戦うことに誇りと名誉を感じるものです。

また、本当に稼ごうと思ったときは、おそらく国際金融で働くのが一番いいはずです。

それこそ、ボーナスが何十億円という世界です。

しかし、すべての人がそうしないのはなぜでしょうか。それは、**やはり人生はお金だけではないと思っているからです。**

人は、クリエイティブなことに夢を追い求めるところがあります。

例えば、アニメーターは給料が低いとされますが、多くの人がアニメーターに夢を抱きます。

これはよくいわれていることなのですが、仕事の内容がおもしろければおもしろいほど、たとえ給料が低くても人が集まってくるのです。

宮崎駿さんも最初は全然売れないアニメーターだったといわれていますが、それでもやり続けたというのは、お金よりも追いかけられる夢があったからではないでしょうか。

また、今でこそ「脳科学」という分野も世の中の認知度が高まっていますが、私が大学生の頃は、「そんなんじゃ絶対に飯が食えないからやめておけ」と散々脅されたのを覚えています。

私は理系でそれなりに成績が良かったので、学校の先生やみんなからは「医学部に行け！」「教職取っておけ」といわれていました。

なぜ、周囲の人がそのようなことをいうのか、よくよく聞いてみると、「将来収入がいいからだ」というようなことだったのです。「物理なんかやっても絶対飯が食えないぞ、貧乏だぞ」と脅かされれば、思春期の頃なので不安になりました。

しかし、お金が儲かるからという理由で人生の方向を決めたことは、結局一度もありません。これは「生活のために働く、職業を決めてしまう」ということが、結局は心を貧しくしてしまうということが、自分なりにわかっていたからではないでしょうか。

やはり、日本人は生活のために働くという意識が強すぎるため、それによって国全体として少し貧しくなってしまっている部分があるかもしれません。

私自身は、生活のためというよりは多くの興味や好奇心があるので、いろいろな仕事をしていますが、結局は**自分のやりたいことをやっていたほうが結果**

としてお金もついてくるというふうに、これまでの経験から感じています。

イギリスで学んだ「資本」の重要性

日本では、学校教育において「お金」のことを学ぶ機会が少ないと感じます。社会に出たときに、ただ単にお金を稼いで殖やすということだけではなく、お金を持つことで「人生のオプションが増える」ということを知る必要があるということを、イギリスのケンブリッジ大学に留学していたときに学びました。

私がイギリスで学んだことの一つが、「資本の重要性」ということの本質です。それまでは、「資本の重要性」というものは、資本家が生産設備に投資して利益を得たり、貯蓄に利子がついたり、あるいは有望な人や企業に投資したりといった、お金にまつわるいろいろな話として捉えていました。
ところが、実際にはもっと広い意味があるということをイギリス人と話しているうちに肌で感じたのです。資本の重要性の本質とは、「**資本があるからこそ思いきり挑戦できる**」ということです。

実はケンブリッジ大学というのは不動産業を営んでおり、その収益で学校を十分に運営できるようになっています。そのため、大学の教授は「学問の自由」のもとで研究に没頭することができているのです。

また、医師で投資家の父がいる裕福な家庭に育ち、『種の起源』を著し、地球上のさまざまな生物がどのように進化してきたかを明らかにしたチャールズ・ダーウィンは、生涯定職につかなかったといいます。

ダーウィンは自らが幸運にも手にしていた「まとまったお金＝資本」を使い、ケント州の田舎に家を購入し、生涯の大半を、そこでのさまざまな実験や考察に費やしたのです。

このように、イギリスでは資本を、遊んだり怠けたりするためではなく、むしろ独創の荒野で疾走するために使うのです。そんな英知がイギリスの社会には脈々と受け継がれていることを学びました。

この「資本の重要性」というものを考えたとき、私たちを支えるものは、「お金」だけではないということがいえます。**知識や経験、スキルもまた「資本」となるのです。有形無形の財産や人との関係性など、多くのものが「資本」として私たちの挑戦を支えています。**

例えば、夏目漱石の『坊ちゃん』では、父親が死んだときにお兄さんがお金をくれて、それを元手に坊ちゃんは必死に勉強します。

そこには、「これだけのお金があれば何年間かはたくさん勉強できる」という考え方があります。この感覚こそが資本の重要性の本質でもあるわけです。

なぜ、ユダヤ人にお金が集まるのか?

一般的に「ユダヤ人はお金を生み出すことに長けている」、あるいは「ユダヤ人はお金に厳しい」というようなことがよくいわれています。

それはやはり、ユダヤ系の人はイスラエル建国までは自分たちの国を持てず、どの社会にいても不安定だったことで、いつ放り出されるかわからないという不安の中でお金に対する考え方が鍛えられていったからです。

私がそのことを改めて感じた、イギリスに行ったときのあるエピソードを紹介いたします。

イギリスではデビットカードを使っている人が多く、スーパーなどでもキャッシュバックなどのサービスが受けられます。私もこのデビットカードをよく使っていました。

ただ、当時は私も貧乏だったので、毎月のように「あと残高どれぐらいかな」とハラハラしていたものです。

すると、あるときユダヤ系の友人が、「俺は絶対にデビットカードを使わない。使うのはクレジットカードだけ。なんでだと思う？」と私にいうのです。

そして、その答えを聞いたとき、「ええーっ！　そんなことまで考えているの？」と大変驚きました。

その答えとは、デビットカードというのは買い物をすると、その日のうちに口座からお金が引き落とされますが、クレジットカードは毎月の引き落としが月末です。つまり、**クレジットカードの場合は買い物をした日から引き落とされる日までの利息が稼げる**ということです。

それを聞いて、私はユダヤ人の優秀さというものを改めて感じました。

確かに歴史的に振り返ってみても、ユダヤ人には多くの成功者や企業があります。

発明家のエジソン、相対性理論で有名な物理学者のアインシュタイン、映画監督のスピルバーグや画家のピカソなどはユダヤ系ですし、企業でいえばマイクロソフト、マクドナルドやコカ・コーラ、ＧＭなど、多くの有名企業がユダヤ系です。

ではなぜ、ユダヤ人にお金が集まるのか。

一つには、先にも述べたように、ユダヤ人はお金しか頼るもののない困難な時代を長く生きてきたこともあり、お金を集めることに長けているのかもしれません。

また、ユダヤ人というのは、父親が「**子どもに商売の方法を教える**」ことを宗教上の義務としているので、当然ながらお金に対する教育が徹底しているということもあるでしょう。

さらに特筆したいのが、ユダヤ人の発想法です。

ユダヤ人の多くは自分を客観視する思考法を身につけています。その一つが「**振り子発想**」というものです。

これは、両面思考とも呼ばれているユダヤ系の発想の特徴で、**片方の側面か**

ら考えを出発させたなら、その考えを逆の側面に振ってみるというものです。

つまり、反対側の視点をフィルターにして別の角度から問題を見つめ直すのです。そして、やがて元の側面に戻ります。これを幾度となく反復するのです。

すると、思考がより深みを増していくということになるのです。

アメリカのＩＴ長者たちが変えた、お金持ちの価値観

私の友人に伊藤穰一《じょういち》という、とてもおもしろい人間がいます。

彼は、「ジョイ・イトー」という愛称で多くの人に親しまれているのですが、実業家でもありながら、２０１１年９月には日本人で初となるＭＩＴメディアラボ所長に就任しました。

ニューヨーク・タイムズ誌では、「二度の大学中退歴を持つ彼のＭＩＴメディアラボ所長の就任は、非常に珍しいケースだ」と伝えられ、世間を驚かせました。

このジョイ・イトーもまた、経済的にも成功した人です。

あるとき、エグゼクティブが集まるようなパーティで、高級スーツとネクタイをしているような男たちがいる中、一人だけＴシャツにジーンズ、靴はスニーカーといったラフな格好をした人がいたそうです。

ジョイ・イトーは、すかさずエグゼクティブたちにこう尋ねたそうです。

「この中で億万長者が一人だけいるんだけど、誰だか当ててごらん」

実は、そのＴシャツにジーンズ姿の人物こそ、億万長者だったのです。

彼の正体は、リード・ホフマン。

２００３年にサービスを開始し、２０１３年には、登録ユーザー数が全世界で2億３０００万人まで拡大したソーシャルネットワーキングサービス、「リンクトイン（LinkedIn）」の創業者兼会長だったのです。

このようなアメリカのＩＴ企業の成功者というのは、お金持ちという概念を変えてしまったところがあります。

「フェイスブック（Facebook）」の創業者であるマーク・ザッカーバーグもいまだにパーカーでしか記者会見に現れないというので、アメリカの一部の権力者たちから非難されているそうです。

「フェイスブックはもはや一流企業になったんだから、ちゃんとした格好をしろ」といわれても、ザッカーバーグは頑としてパーカースタイルを貫いています。

つまり、最近のお金持ちは、**見栄やプライドなどといった余計なものには、決してお金を使わないということです。**

今までお金持ちのイメージというと、いい家を買ったり、高級車を乗り回したりといった感じでしたが、若い富裕層たちはある意味でまったく違うお金の価値観を持ち始めている気がします。

おそらく、マイクロソフトの創業者でもあるビル・ゲイツが台頭してきたあたりからそのような傾向が出てきたと思います。

ビル・ゲイツはシアトルに60室もある大豪邸を建てましたが、あれはおそらく本人の希望で建てたわけではないのではないかと推測できます。

彼は昔からエコノミークラスしか乗らないという話もよく聞きますし、私は何回かアメリカの会議などでお目にかかったことがあるのですが、身なりに関してもそれほど「おしゃれだな」と感じたことはありません。

そのような意味で世間体や自分の外見に興味がないのだと思います。

このような価値観を生む背景の一つとして、「ネット社会」における教育があります。

以前話題になった、アメリカの大学を中心に運営されているＭＯＯＣ(Massive Open Online Courses)という教育システムがあります。これは、ウェブ上において基本的に無料で参加できる大規模講義のことです。

日本における従来の教育システムにおいては、例えば東大は１学年３０００人でそこに入るためには子どものときから塾通いをする必要があります。中学入試のための費用にしても塾であれば50万円ぐらいはかかります。

そうすると、所得格差が教育格差を生んでしまうこともあるわけです。

ところが、このＭＯＯＣのようなシステムがあれば、いろいろなことを無料で学べるカリキュラムが出てきているので、同時に1万人、10万人という規模で能力の高い人間が育成できるわけです。

つまり、情報へのアクセスという視点から見れば、ネットにつながることができるPCが1台あれば、実は情報格差がなくなるというわけです。

そのようなことからも、ＩＴ長者といわれている人たちの共通点というのは、いい家を買ったり高級車を乗り回すといったことではなく、いかに有益な情報とつながっていられるかを重視するということです。そうなると、自然と身の回りは質素なものとなってしまうのでしょう。

そのような時代になってきているからこそ、何が幸せかとか、何が贅沢かという感覚や価値観も少しずつ変わってきているのかもしれません。

それこそ、東京の高級レストランでご飯を食べるより、いいスーツを身にまとうよりも、田舎の自然に包まれた気持ちいいところで、ネットにつながっていい情報を探しているときのほうが幸せという感覚があるのかもしれません。**いかに有益な情報を手に入れるか。そして、その情報をいかにお金に変えるのか**という方法が重要なポイントになってくるのです。

第3章

景気は脳に左右される

貯金がないと脳のバランスが保てない

私たちの脳の情動回路には「確実なこと」と「不確実なこと」のバランスをとる働きをする「ポルトフォリオ」という感情のシステムがあります。

このポルトフォリオは、大人になるにつれて、**自分自身の経験や知識、そして貯蓄などの十分な「確実性」の要素が増えれば増えるほど、「不確実性」=挑戦を積み増していくことができる仕組みになっています。**

今もなお、テレビや新聞などのメディアでも「ワーキングプア」という言葉がよく使われています。このワーキングプアというのは、正規雇用についているにもかかわらず、収入が生活保護水準という人たちのことです。

このワーキングプアにある人というのは、貯蓄よりも負債のほうが多い状態にあります。そして、その日暮らし(Paycheck to Paycheck)、つまりは月々の給料でギリギリの生活をすることで、それより上の収入を望まないライフスタイルを好む傾向もあるようです。

このような状態を脳科学的に分析すると、**いくら働いてもあまり貯蓄がなく、毎日それなりに食べていけるということだと、脳は「確実なこと」の要素がないため、チャレンジする力を失ってしまうことになります。**つまり、キャリアアップ転職や起業するといった不確実な挑戦ができなくなってしまうわけです。

自分が何か不確実なことに挑戦しようとするとき、**貯金がないと脳のバランスが保てない**のです。

自分の貯金が10万円ある人は、10万円分の不確実性を受け入れられます。

自分の貯金が１００万円ある人は、１００万円の不確実性を受け入れて挑戦することができるというわけです。

私自身は普通の家で育った人間ですが、親交のある鳩山由紀夫さんのような人を見ていると資産が十分あるので、自分のキャリアチョイスも含めて意外とリスクも取れるのです。

鳩山由紀夫さんが衆議院議員を辞めるというときに、もし貯蓄がなければ食べていけなくなってしまいます。

しかし、そのようなことを考える必要がないのは、彼が「確実性（資産）」をしっかりと持っているからです。

前述したチャールズ・ダーウィンにしても、十分な資産があったからこそ、『種の起源』の執筆という、歴史に残る挑戦ができたということがいえます。

投資に必要な「雑食性」の脳

脳は、不確実性に直面したときには、ポルトフォリオが働き、自分自身の経験や知識、文脈などを総動員して、十分な「確実性」を提供しようとしてくれます。

例えば仕事であれば、取引先が特定の企業に偏っているということは、ポルトフォリオ的には良くありません。その企業との関係がダメになってしまったときに、大きなダメージを受けてしまうからです。

そこで、「この会社は可能性があるんだけど、ちょっと不確実性も多いな」とか、「ここはあまり成長しないけど確実だな」といったことを脳は判断し、取引先を、まんべんなく雑食性でバランスよく揃えようとするのです。

脳が不確実性に直面したときに行う、一種のリスクヘッジです。

これを「雑食性」の脳といいます。


また、投資ということにおいても同じことがいえます。

一か所に集中して投資することはリスクが大きくなってしまいます。

そこで大切なことは、投資先を、リスクが高いものと低いもの、リターンの多いものと少ないものに、バランスよく分散させることだといわれています。

つまり、投資においても、**ポルトフォリオをどう維持するかを脳は判断して、処理しようとするのです。**


人間の脳は、不確実性に対してどう適応するかということで進化してきました。

おそらく優れた投資家というのは、自分の脳の感情回路の使い方が非常にうまいはずです。

どれぐらい自分が安心していられるか、不安であるかということを基準に、自らのポルトフォリオを調整し、最適なリスクの取り方をしているのです。

自分の人生でイノベーションを起こすことを意識する

企業や人が急成長するときというのは、必ずそれまでにないジャンルのものを作ったりします。すなわち、**イノベーション（技術革新）**が起きているのです。

例えば、グーグルのウェブ広告は、それまでほとんど存在していなかったジャンルのもので、これこそがイノベーションであるといえます。

また、"iPhone"や"iPod"が出たおかげで、アップルはこれだけ企業成長し、時価総額も伸びたわけですので、これもイノベーションの一つだといえます。


その反面、日本においては、あまりイノベーションが起きていません。

百貨店などは業態として新しいものがなく、結局は既存の商品やサービスに頼って商売をやっているので、市場に流通している商品やサービスがメーカーごとの個性を失ってしまい、消費者にとってはどこのメーカーの商品やサービスを購入しても大差がない状態に陥ってしまっているのです。

また、ソニーをはじめとするメーカーも、これまでの「日本のものづくり」という固定概念から抜け出せず、かつての「ウォークマン」のようなイノベーションが起こせていません。

やはり、イノベーションがなければ企業も個人も成長しません。

しかし、日本でも近年まれに見るイノベーションを起こした企業があります。

それは、現在多くの人が利用している「ライン（LINE）」です。

現在では多くのマネタイズ（ネット上の無料サービスから収益をあげる）という考え方が浸透している中、今や世界的なサービスへと成長しました。

以前、私は創業者の森川亮《あきら》さんにお話を伺ったところ、「LINEができてリリースして、2週間ぐらいでこれは勝ったと思った」ということをおっしゃっていました。

このようなイノベーションは広告を打たなくてもどんどん伸びていきます。

ユーザー数も日本では9500万人、世界では1億9800万人に上っていま

す。（2023年6月末時点）

また、東進ハイスクールも一つのイノベーションだと思います。数が限られる人気講師の授業を、より多くの学生たちに届けたいという思いから、衛星で同時通信するということを始めました。この発想は、素晴らしいイノベーションだと思います。

どんな時代においても、そしてどんな仕事においてもそうですが、大きくお金が稼げる状況になったときというのは、イノベーションが起こったという結果であり、そのようなときには急速に伸びていくものです。

だからこそ、自分の人生で、どんなに小さなことでもいいからイノベーションを起こすことを真剣に考えてみてほしいと思います。

人の気分を動かせば、景気も動く！

「病は気から」とよくいわれていますが、景気に関しても「**景気は気から**」というのは本当にそうだと思います。

「**脳に根拠のない自信を植えつける**」**ことによって経済は動きだしていく**のです。

景気と脳の関係性を考えたときにポイントとなるのは、「いかに人々の気分を変えるか」というところです。

単に「景気が良くなりますよ」というだけではダメで、**いかに、より具体的なイメージが人々の間で共有できるか**にかかっています。

このとき大切なのは、誘導するという意図を持った「宣伝行為」、いわゆるプロパガンダであることを悟られないようにすることです。すべて暗黙のうちに仕掛けられているという巧妙さが必要になってきます。これはまさに、景気回復のための一つの高度なテクニックだといえるでしょう。

世の中には、人々の気持ちを動かす手法を身につけている人たちがいます。ナチスでいえばゲッベルスがそうでしたし、現在のアメリカ政府やイギリス政府でもパブリックリレーションズをやる人がいます。

そういった人たちが実際に世の中を動かしているわけです。

以前レーガン大統領が占星術師と会っているというようなニュースが出たことがありましたが、占星術もある意味では「人の気分を動かす」ことは事実です。

私はてんびん座ですが、「てんびん座の運勢すごくいいんですよ」などといわれると、やはり気分が変わります。

脳科学的に見ると、占星術というのは、つまり一種の自己暗示です。

ビジネスにおいても成功している人というのは、しっかりと「脳の散歩」をさせて気分をしっかりと切り替えることができる人たちです。

科学的思考、合理的思考のベースには気分があり、まさに景気はそれによって左右されるということなのです。

第4章

お金を生み出す
人間関係のつくり方

お金は人間関係を目に見えるようにしたもの

お金を稼ぐということは「抽象的な報酬」を得ることだと述べましたが、これは非常に重要な社会的行動でもあります。

この**行動とお金を結びつけるものは、やはり人間関係です。**

脳科学の知見からは、「**お金は人間関係を目に見えるようにしたものである**」ということがいえます。

つまり、**人間関係が充実している人にはお金も集まってくる**というのが、脳科学者としての私の考え方でもあります。

皆さんは「**ポトラッチ**」という言葉をご存じでしょうか。

これは北太平洋沿岸のネイティブアメリカンの社会に広く見られる、威信と名誉をかけた贈与や浪費の応酬です。自らの気前の良さを誇示するために行われていた風習です。

このポトラッチを主催する人は、誕生、婚姻、葬礼、成年式、家屋の新築など、さまざまな儀礼的機会を利用して盛大な宴会を開きます。

そして、ゲストに対してこれまで蓄積してきた財物を惜しみなく振る舞うことで自らの地位と財力を誇示し、そのゲストもまたその名誉にかけて他の機会にそれ以上のもてなしをするというものです。

私はこのポトラッチのような感覚が、お金と人間関係における本質ではないかと考えるようになりました。

以前、東京芸大で講師をしていたとき、授業が終わった後に上野公園へ行って学生たちとみんなで飲むことがあったのですが、まるで青空教室みたいな感じでした。

学生たちに1万円くらい渡して、「これでお酒とおつまみを買ってこい！」などといって、それを飲み食いしながらみんなで語り合うわけです。

そこでアート関係の人とつながることができたことで、いまだに芸術関係の仕事がすごく多いのですが、それは、授業をやっていた影響というよりも、上野公園での飲み会のおかげだったと思っています。

私は別にそこでアート関係者と人脈をつくろうとか、お金持ちと人間関係を構築しようと思ってやっていたわけではなく、楽しいからやっているという感じでした。

これが結果として良い人間関係をつくり出し、やがてお金を生むことにつながっていったのです。

人との交流、つまりは人間関係の構築はある意味では投資だといえます。

つまり、**人間関係にお金を惜しむような人は、決してお金持ちにはなれないということです。**

逆にいえば、**一流の成功者やお金持ちは、人間関係に使うお金がいずれ自分に跳ね返ってくるということを知っているのです。**

お金持ちの人間関係の本質

私はその人の人間関係を見れば、その人がどんな人であるのかが大体わかります。

なぜなら、お金持ちの周りにはお金持ちが集まっていて、貧乏な人の周りには貧乏な人が集まっているからです。

つまり、お金持ちの人間関係は「稼ぐ人」がたくさん集まっているからお金持ちだということであり、なかなか稼げない人の周りには稼げない人が集まってくるので稼げないという図式があるのです。それが人間関係の本質だといえます。

稼げるかどうか、お金持ちになれるかどうかというのは、どんな人とつきあっているのかという人間関係で決まる部分が大きいといってもいいでしょう。

もしあなたが本気でお金持ちになりたいと思うのであれば、これまでの人間関係を見直す必要があります。

今、あなたのつきあっている仲間が稼いでいる人たちなのかどうか、あるいはあなたにとって有益な人なのかどうかを知るということです。

お金持ちになるということは、決して自分ひとりで成し遂げられるものではありません。

その周りには有益な人間関係が存在していて、最良の上司やパートナーがいたり、優良な取引先があったり、さらにはプロフェッショナルな人物や応援してくれる人たちのサポートがあってこそ、成功を勝ち取ることができるのです。

そして、その結果としてお金持ちになっています。

ここで重要なのは、お金持ちの多くは人間関係をとても重要なものと位置づけているということです。

いろいろな人に会ったり、大切な人との関係を深めることを最優先にお金や時間を投資しているのです。

また、注意しなければならないことは、人間関係を構築する上でのお金の使い方です。

例えば、稼ぐことができる人は自分が参加するセミナーで構築できる人間関係を考え、それに見合う費用を惜しげもなく払います。

高額なセミナーであれば、それ相応のお金と時間を費やすだけの上昇思考の強い人たちが集まってくることを意識しているのです。

ところが、稼げない人は「無料だから参加してみよう」、あるいは「お手頃価格だから参加してみよう」という理由でセミナーを選んでしまいます。

しかし、**無料や格安のものから得られるスキルや人間関係は役に立たないことが多いのです。**

お金を貯めることも大事ですが、それと同じくらい人間関係や自己投資にお金を使うことも大事です。

これは私の経験からも感じていることで、**人との関係が広がれば広がるほど、そこに払ったお金以上に「幸せ」や「成功」が増えていきます。**

それがビジネスであれば、他の人には手に入れることのできない有益で役立つ情報を得ることができたり、ときには自分が困ったときに助けてくれる人脈に巡り合うことにつながっていきます。

お金持ちは、「人に何かを与えるとそれがいつか自分に返ってくる」ということをよく知っているので、仕事での接待やお祝いのプレゼント、あるいは有益な投資といった「お金の回し方」を習慣的に身につけています。

自分が心から成功したい、あるいはお金持ちになりたいと望むのであれば、まずはあなたの周りにいる人たちの人間関係を見直し、その人脈づくりにお金を惜しんではいけません。

お金持ちの、人間関係を築く上でのお金の使い方

お金持ちは「人間関係は広がれば広がるほど財産である」と口を揃えたようにいいます。

これはビジネスの利害関係にある人間関係の広がりだけをいっているのではなく、日常生活の友だち関係やSNSでつながっている人などといった、身近にいる人との交流でも同じことがいえます。

これにお金が絡めばなおさらで、日頃から人間関係を親密にしておけばさまざまなメリットがあり、最終的にはお金を増やす手助けになることもあるからです。

では、お金持ちは人間関係を構築する上で、いったいどのようなお金の使い方をしているのでしょうか。

まずいえることは、**お金持ちは、自分が好きなことで感動できるような体験（脳科学では「報酬」という）にお金を惜しまずに使っているということです。**

つまり、お金持ちや一流の成功者は、人間関係にお金を使うことを感動体験の一つとして認識しているのです。

脳はこの感動体験を何度も味わうことを求める性質があるのですが、**お金持ちであればあるほどこの感動体験がより多く生まれる傾向があります。**

それによって、無意識のうちにお金が増えるような人脈選択や行動を起こすことにつながっているのです。

あなたも、お金持ちになるためのお金を使う習慣として「感動体験」をつくることができるような人脈づくりを意識してみてください。

脳にそのような体験をさせればさせるほど、習慣的にお金が増えるような行動をとることができるようになります。

誰とつきあうことで自分はよりパフォーマンスを発揮できるかということを、脳が自動的に選択できるようになるのです。

また、お金持ちは純粋に「他人を喜ばす」ということに自らの喜びを見出して、そこにお金をかけています。

これは自分が直面する「感動体験」にもつながっていることなのですが、このような習慣を身につけることができたならば、あなたは確実に最高の人間関係を築いていけるはずです。

たとえば仕事においても、上司が部下を飲みに誘っておごったとします。

このときに、「これだけの投資をしたんだから、自分の忠実な部下になってくれて当然だ」というような見返りを求める気持ちが強い上司であれば、最終的に部下に信頼される上司になることはありません。

「単純に部下が喜んでくれるからうれしい」、あるいは「部下が自分を頼って相談事をしてくれたことがうれしい」というように、自分自身の感動体験そのものに満足できる人ほど幅広い人間関係を構築することができるのです。

つまり、**感動体験というのは脳を喜ばせて成長させるための糧**だといっても過言ではありません。

まったく同じことにお金を使っていても、感動体験をどれだけ脳に与えられるかで、その人の成長の度合いが異なってくるのです。

お金持ちが人間関係で使うお金というのは、自分の脳をいかに感動体験で成長させることができるかということへの投資という要素が極めて大きいのです。

お金は節約しても、人間関係は節約してはいけない

なぜ、お金持ちの周りにはお金持ちが集まるのか。

その理由は、**お金持ちになれば自分の好奇心や向上心を満足させるような人間関係をつくり、そこに無意識に自己投資ができるようになるから**です。つまり、お金持ちになることで自分の人生の選択肢が増えるというわけです。

お金はないよりもあったほうが人間関係をつくる機会が増えるのは当然のこ

となのですが、それはあくまで「お金は人間関係に使うもの」という前提があってのことです。

お金持ちになっても、お金を貯めることを喜んでいたり、預金額が増えていくことだけに喜びを見出したりしている限りはこの発想には及びません。

その一方で、お金持ちではなくとも普段は節約しながら、いざというときに「お金は人間関係に使うもの」という意識を持っている人はお金持ちになる素質があるといえ、豊かな人生を実現できるものです。

出張で飛行機を利用するという人は多いでしょうが、このご時世にファーストクラスで移動をさせてくれるほど余裕のある会社は少ないかもしれません。新幹線にしてもグリーン車を利用することもなかなか難しいでしょう。

しかし、お金持ちがファーストクラスやグリーン車に乗っているのは、ただ単にお金があるからという理由だけではありません。

快適な空間や上質なサービスがあるからということはもちろんですが、それ以上に大きな理由は、「**人との出会い**」を大切にしているからです。

飛行機のファーストクラスや新幹線のグリーン車に乗っている人というのは、ほとんどがビジネスマンとして成功している人たちばかりです。

ここで、もしも声をかけたり、かけられたりという出会いがあれば、それはお金以上の価値を見出すチャンスです。

確かに出費としては大きいのですが、このように発想を転換できる人がお金持ちへの人脈ルートを築くことができるわけです。

私の持論は、普段のお金の節約はしても、**人間関係まで節約をしてはいけない**というものです。

これは、誰にでもいえることですが、普段どんなに節約をしていても、人間関係にはしっかりお金を使えるかどうかなのです。

人とのかかわりを節約してしまうということは、その人が本来手に入れることのできるはずのチャンスや幸せまで削ってしまうことになります。

その結果、少額の節約はできるかもしれませんが、その何倍ものお金が入ってくるチャンスを将来的に失うことになるのです。

「どうせ自分にはそんな人間関係は構築できない」と諦めてはいけません。

人と人の出会いというのは、待っていても向こうからやって来るものではないからです。

積極的に行動し、価値ある人間関係を構築するためには、日頃から脳の強化学習に励むことです。

それは、「何か行動を起こす」→「うれしい出会いの体験をする」→「脳のドーパミンを放出する」→「もっと出会いの体験がしたくなる」というスパイラルを回していくことです。

そのための「はじめの一歩」として、恐れることなく、より多くの人とコミュニケーションを図っていく努力をしてみてはいかがでしょうか。

お金持ちにしても、成功者にしても、最初からお金持ちだったわけではなく、最初から成功できたわけでもありません。

与えられたチャンスや人脈を、生かすことができたのかどうかという差だけなのです。

お金持ちは良い人間関係を構築している

いくら仕事の能力や才能があったとしても、人間関係を構築できない人はいずれ浮いてしまいます。

つまり、ビジネスで成功してお金持ちになるためには、人と人との感情が絡む一番難しい人間関係から始めなければいけません。

では、人間関係というものは自分では選ぶことのできない運命があるのでしょうか。

確かに一般のビジネスパーソンであれば、職業や会社は自分の自由な意思で選ぶことができますが、人間関係は選ぶことができないと考えている人も少なくないでしょう。

配属された職場での上司・先輩・同僚は、あなたの意思では選ぶことはできないのも事実です。

そして、あなたに最も影響を及ぼす、直属の上司に関しては、運命的な要素が大きいものです。運良くいい上司に巡り合えば、あなたは成長するでしょうし、運悪く自分と合わない上司に当たればあなたは我慢の日々が続くでしょう。

しかし、こればかりはあなたの力ではどうしようもありません。

お金持ちと呼ばれる人は必ず良い人間関係を構築しています。

つまり、ただの一人も例外なく、良い人間関係なくして成功した人はいないということです。

彼らはたまたま運命的な出会いを見つけることができたのでしょうか。

いいえ、私はそうは思いません。彼らは決して運命の出会いに身を任せたわけではなく、**彼ら自身で出会いの運命を引き寄せたのです。**

しかし、無理して多くの人と仲良くしようとした結果、人間関係に行き詰まってしまうことには少なからず疑問を持ってしまいます。

さらにいえば、出会ったからといって多くの人と一緒に時間を共有すると、自分の時間がどんどんなくなってしまいますし、苦手な人と時間を共有していては脳がストレスを感じてしまいます。

つまり、誰とでも仲良くするということはあまり得策ではないのです。

そこで、さらにお金持ちの人間関係を学んでいくと、あることに気がつきます。それは、「**つきあう人間を選ぶ**」ということです。

これはどういうことかといえば、**自分のためになる人間とつきあうということであり、自分が成長するための人間関係をつくっていくことが大切だということです。**

毎日楽しそうにしている人や、成功している人たちと一緒にいると、自分もそのような人間になることができます。

つまりはどんな人とつきあうかで、自分がどんな人間になるかが決まってくるわけです。

そう考えれば、人とのつきあい方次第では自分がマイナスな人間にもなりかねないわけです。毎日つまらなそうにしていたり、不機嫌でネガティブなことばかり考えている人たちとつきあっていると、自分もそんな人間になってしまうということです。

つきあう人間を選ぶということは、非常に重要なことなのです。

「自分が先に与える」ことが大切

お金持ちや成功者に共通するものとして、コミュニケーション能力の高さがあります。

人間関係の問題は、多くのビジネスパーソンにとって悩みの種かもしれません。

では、人に好かれるコミュニケーションをとるには、どうしたらいいのでしょうか。

人間は自分のことを理解してくれる人を好きになります。つまり、**お金持ちというのは相手のことを理解するスキルが非常に高いので、人を惹きつける魅力があるということです。**

では、相手のことを理解していればコミュニケーション能力は向上するのでしょうか。

人間関係に悩む多くの人の共通点は、いくら相手のことを知識として知っていても、その知識を活用した行動をとっていないことが挙げられます。

コミュニケーションというのは、頭の中で行うものではありません。頭ではわかっていても、実際に行動に移さなければ伝わらないものです。

お金持ちになれない人、あるいは成功できない人というのは、素直に相手の喜ぶことをしてあげない場合があります。

それは、思いやりや気配りにおいて「相手がしてくれないのに、なぜ自分だけがしなければいけないのか」という不満の気持ちがあるからです。

逆にいえば、**相手が望むことを与えることができれば人間関係は間違いなく**

改善されていきます。それができるのがお金持ちなのです。

彼らは常に先にコミュニケーションを図る、あるいはそのための行動をする「先行型コミュニケーション」の達人だといえ、相手を自分のペースに持っていっているのです。

人間関係の原則は、「**自分が先に与える**」です。その仕組みに気づいた人が人生の勝ち組になっているというわけです。

そのような先行型コミュニケーション力を持っている人は、自然と人と接するときにも明るく振る舞い、自信に満ちています。そして自意識過剰にならずに成功に向かって歩むことができる人です。

この先行型コミュニケーションを実践するのは難しいことではありません。

常に前向きな言葉を意識して口に出し、相手の長所を見つける努力をするとい

う、たったそれだけのことをすればいいのです。

お金持ちというのは、常に相手の良いところを見つけることを意識的に行っているため、隠れた長所を発見することがよくあるのです。

それは、客観的に物事を見ることができ、相手を尊重できるからこそ可能になることなのです。

相手を尊重することができる人は相手からも尊重される人になれる。つまりお互いを認め合うことで、気がついたら人間関係も良くなり、周囲から認められ、大きな仕事なども任されるようになり、いつの間にか「人生の成功者」になっているはずです。

第5章

お金持ちに共通する脳の使い方

お金持ちに共通する脳の使い方は「動かざること山のごとし」

ついついうまい投資話に乗ってしまい、騙されて、なけなしのお金を出してしまったというような話がテレビや新聞などによく出ています。

しかし、お金持ちの人ほど投資話などにはすごく慎重なものです。

どんなに儲かりそうな話でも、自分のしっかりした基準に照らし合わせて判断するので、騙されることはまずありません。

私がこれまで何人かのお金持ちの人を見てきて思うことは、皆、**お金に対する出し入れの基準をしっかりと持っている**ということです。

お金持ちというイメージは、「水が蛇口から出っ放しになっているように、湯水のごとくお金を使う」というものが多いようですが、実は意外にも財布の紐がしっかりと締められていて、そんなに簡単にはお金を出さない人が多いのです。

ただし、出すときには惜しげもなく出すという決断ができます。お金を出すリスクを取るにしても、出さないにしても、自分なりの規準によるメリハリがしっかりとあるわけです。

このように、本当に出すに値するお金なのか、それとも無駄なお金なのかという見極めがしっかりしているということは、**脳の「危険シグナル」が発達しているという証拠**なのです。

では、このようなお金持ちに共通する、お金を使う際の判断の裏には何が隠されているのでしょうか。

それは、お金を出すか出さないかというときに、その**相手を徹底的に観察するところに秘密がある**といえます。

お金持ちの人たちは、そのほとんどが人間関係、もっといえば信頼関係で成り立っている部分が大きいものです。

皆、「この人間は信用できる」、あるいは「この人がいっていることだったら大丈夫」という、人間に対する判断力に長けており、お金を出すか出さないかの判断基準が明確になっています。

これは、私たち科学者の世界でも同じことがいえます。

例えば、この研究室から出ているデータは信頼できるけど、ここのデータはちょっとどうかな、ということがあります。そのような場合のリスクテイクというのは非常に難しいところでもあります。

誰でもそうですが、海でいきなり泳げば溺れてしまいます。そのリスクを回避するためには安全な場所で泳ぐ練習をしてから海に行くはずです。

お金にしてもリスクに向き合う脳の感覚を使っていかなければいけません。

世の中で成功してきた実業家や経営者というのは、これまで下してきた判断が正しく、その結果成功して、お金持ちになったというプロセスがあります。彼らには、「**動かざること山のごとし**」という言葉がしっくり当てはまるのです。

投資や経営判断で失敗してしまう人というのは、小手先だけの判断で行動してしまいがちです。ところが、お金持ちや成功者というのは、簡単には動かないというのが基本です。そして、いざというときには「これだ！」と迷うことなく動くのです。

まさに、ライオンやトラがハンティングをするようなイメージです。

「直感」を鍛える

グーグルのCEOだったエリック・シュミットが日本に来たとき、インタビューする機会に恵まれたのですが、そこでとても興味深い話を聞くことができました。

基本的にCEOの仕事とは、「人の話を聞くこと」だといっていました。まずはずっと相手の話を聞いて情報収集し、「これだ！」というときには即座に意思決定するということです。

このようなスケール感を持つことは非常に難しいことかもしれませんが、決断というものは大きくても小さくても、私たちが日々直面している問題だと思います。

それが正しい判断に導かれるために必要なことは「**直感**」**を鍛える**ということです。

脳科学の世界ではそれを「ガットフィーリング（Gut Feeling）」といいます。「gut」とは「内臓」のことで、「内臓が感じ取るような感覚、直感」という意味です。

私たちの意思決定というものは、脳がすべてをコントロールしていますが、リアルな感覚のもと「なんとなくそうではないか」と感じるような「第六感」といわれる直感シグナルを脳が受け止めて、それに基づいて意思決定するということです。

この第六感というのは、神秘的な能力というものではありません。自分の体から上がってくる内臓感覚を内視するということで判断することです。**何回も挑戦を繰り返したり、失敗を重ねながら試行錯誤していくことでガットフィーリングは鍛えられ、高度な判断や意思決定ができるようになるのです。**

知覚心理学の言葉に「アフォーダンスの理論」というものがあります。私たちがそれぞれの環境における意思決定に対しての、知覚・認知・行動に与える可能性を示した理論です。

例えば、子どものときは、川をジャンプして渡れるかどうか、あるいは小さな隙間を通れるかどうかなど、できるかどうかを考えずに行動していたはずです。そうやって身体感覚で何回も失敗しながら経験でさまざまなことを学んでいくのです。

私たちの脳が決定する行動や意思決定というものは、従来このアフォーダンスという理論のもとに働くようにできています。

投資や意思決定の際も「これはいける」「これはダメだ」ということを、脳と体と環境が一体となって判断したときに、ガットフィーリングが生まれてくるのです。

アメリカのシリコンバレーでは、一度会社を倒産させた人間は、より多くの投資が得られるという話があります。

これはまさに、「転んで失敗した経験がある人というのはそこから何かを学んでいる人だから、より的確な経営判断ができるはずだ」というアフォーダンス理論を活用したガットフィーリングによる決断なのかもしれません。

結局は、転んだことがない人はうまく走れないわけです。

柔道の練習にしても、受け身の練習から始める理由とは、まずは投げられたときにどうするかということを学ばなければ組手もできないからです。

成功者が持ち合わせている「根拠のない自信」

ケンタッキーフライドチキンのカーネル・サンダースは、成功したのが60歳を過ぎてからだったという話があります。

カーネル・サンダースは、それまでに何回も失敗しながらも、試行錯誤の末にケンタッキーのマニュアルを作って一生懸命売り歩いたらしいのです。

しかし、最初はどこもまったく相手にしてもらえなかったそうです。そして何と、1000回以上も断られた末に、やっとそのマニュアルを採用してくれるところを見つけて、そこから大成功したというエピソードが残っています。

普通の人であれば、とっくに諦めてしまうようなことを追求できるのも、お金持ちの脳の使い方といえます。

野球にしてもそうですが、ホームランバッターほど三振が多いとよくいわれます。空振りしない人はホームランを打てない人だということです。

ビジネスにしても、誰もがすぐに思いつくようなアイデアであれば、すでにほかの誰かがやっている可能性が高いわけで、それではお金持ちにはなれません。

誰もが「そんなことは無理だろう」というリスクを取ることで大きいリターンが得られるわけです。

このような「**失敗を恐れずに挑戦する**」ということは、子どものときはごく普通にやっていたはずなのです。

子どもは何に対しても好奇心が旺盛で、失敗を気にしながら何かをやるということはないからです。

ところが、大人になるにつれて地位や経験がついてくると、それがかえって邪魔になってしまうことがあるのです。

私がナビゲーターを務めていたＮＨＫの『プロフェッショナル　仕事の流儀』という番組のあるゲストの方が、「私の仕事の成功率は１００％です。なぜなら、失敗しても必ず成功するまでやるからです」とおっしゃっていたことがとても印象に残っています。

そのような意味では「**倒れてもまたやっていく**」という根拠のない自信を持っ

ている人というのはやはり優れた人だと思います。

人生の経営判断に大切なこと

経営判断という言葉は、何も経営者だけに与えられた言葉ではありません。私たちすべての人間が、常に人生の経営判断に直面しているからです。

例えば、自分が住む家にしても、それは人生の経営判断のもとに決定されています。

マンションを買うのか、それとも賃貸にするのか。さらには、どこの沿線にするのかという意思決定にしても、人生の経営判断だといえます。それをやっていない人はいないはずです。

子どもの教育環境を考えて、どの学校に行かせるのかというのも経営判断です。

また、普通にサラリーマンをやっていると、あたかも経営判断をしていないように思うかもしれませんが、自分がその会社を選んで働き続けているという時点で、実は大きな人生の経営判断をしているわけです。

これは経済学でいう「機会費用」ということで、つまりはその会社で働き続けているということは、何かほかのことができたかもしれないという機会を失っているということです。

私が学生の頃、初めてアメリカやカナダに行ったときに日本との違いとして感じたことの一つに、北米の人は「もし私がこの仕事をしていなかったら何をしていただろう」、あるいは「今の自分に何ができるだろう」というキャリアオプションを常に考えているということでした。

当時の北米は、すでに労働環境や雇用環境が流動的だったことも、このような考え方が根づく理由になっていたと思われます。

つまり、**人生の経営判断に大切なことは、常にオプションをもう一個持っておくということです。**

もちろん、日本人のコツコツ働くというところが美徳だということを否定するつもりはまったくありません。それはそれで、人生の経営判断のもとにいい仕事をして、人生を謳歌していればいいということはありません。

以前の日本はまだ終身雇用というイメージが強くありましたが、現代ではかなり流動的になってきたと感じます。

それによって、常に「次の仕事は何にしようか」「もっといい仕事があるかもしれない」というキャリアオプションを持って動いていくことで、お金も動いてくるのです。

そのような意味では、日本は中国にちょっと負けている感じがします。

中国人はオプションとして、「中国本土に住み続けるのか、あるいは海外に移住するのか」ということを常に考えているところがありますが、日本人は日本に住むことが暗黙の前提になっています。

さらにいえば、中国人は親戚がアメリカ、カナダ、香港、シンガポール、オーストラリアなどにいて、リスク分散していることが多く、自分も常にいつかは中国を離れて暮らす日が来るかもしれないということを視野に入れながらも、現在の仕事をしているという感覚が強いのです。

戦国武将の人生を賭けた大投資

現代の日本人は、投資や運用ということをあまり美徳とは考えず、敬遠してしまうという感覚を持っていますが、戦国時代は皆、今の欧米人とまったく遜色がないほどの投資をしていました。

なぜなら、武将たちは、どの大将につくかということによって自分や家族の生死が決まってしまっていたからです。これは本当に大投資だったわけです。その投資がうまくいけば、リターンとして領地をもらったり、有名な茶道具をもらってそれを領地と交換したりなどといった生きるための運用をしていたわけです。

戦国時代はこのような投資やリターンが明確だったのですが、それが江戸時代に入ると徐々に安定した社会になっていきます。

この江戸時代の250年間で、現在の日本人の基本的なメンタリティがつくられたといえます。

士農工商という身分制度ができあがり、各藩のトップが誰かということももう決まってしまい、財産は、一子相伝で子孫が受け継ぐということが仕組みとして固まってしまったのです。

しかし、明治維新においては、また少し違う人たちが活躍したわけです。何事に対してもリスクテイクをしながら幕末の志士たちは討幕運動に投資しました。そして、その大きなリターンを薩摩や長州の人たちは得たわけです。

明治の新政府の主要な閣僚はほとんど薩摩、長州だということがそれを物語っています。

すなわち、日本人が投資に対して消極的であるということは、DNAで決まってしまっているということではなさそうです。

時代時代で、日本人も大きな投資をしてきたのです。

投資や経営判断と無縁な人は、この世にはいない

お金持ちや成功者というのは、常に新しい挑戦に脳を使っています。私も、そんな彼らの行動から、いろいろなことを学んでいます。

私はごく普通のサラリーマンの家庭で育ちましたので、物珍しさもあって、「へえ、こんな世界もあるんだなあ」と感心することがしばしばです。

確かに、日本人のほとんどはサラリーマンになって、平穏無事に一生を送るのが理想だと思っているかもしれません。

いまだに進学校に行って偏差値の高い大学に入って、日本の大企業に就職できれば成功と思っている人は、そうではない新鮮な世界をちょっと覗いてみたり、挑戦してみたりすることで、お金持ちの脳の使い方を学んでいけると思うのです。

これもまた人生の経営判断の一つだと思うのですが、たいていの日本人はおそらく他の可能性があるということに気づいていないことも多いのではないでしょうか。

実際、こういったことは、運転免許を取るのと同じで、学ぼうと思えば学べることなのですが、なかなか学習機会がありません。

さらにいえば、そういったことを学べる人脈もなかなかないものです。ところが逆に考えれば、人脈を持てば学べるかもしれないわけです。

しかし、冷静に考えてみると、こういったことはスケールが違っても、みんな同じことをやっているのだと思います。

例えば、結婚式でいくら使うとか、会社のプロジェクトをやるときに、じゃあここにいくら投資するかといったことです。

もっといってしまえば、恋愛は、男性にとっても女性にとっても自分の人生や時間を費やす大きな投資です。

脳科学的な知見でいえば、生物学的な進化の過程にあるほとんどのことは、投資行為なのです。

お金を投資する、時間を使う、学校に行く、仕事をする、恋愛をする、結婚をして子どもを授かるというのも、すべて投資です。

つまり、投資と無縁な人はこの世にはいないということなのです。

お金持ちは真心と戦略を兼ね備えている

企業理念などにおいて、「お客様のために」ということを掲げているところは多いでしょう。それは国際的にも通じるものだと思います。

しかし、**真心だけではなく、そこに戦略も必要となってくるのです。そして、その両方ができる人がお金持ちになるのです。**

そのような意味でいえば、アップル社のスティーブ・ジョブズは「多くの人に、使いやすいパーソナル・コンピューターを届けたい」、あるいは「素晴らしいエクスペリエンス（経験）を人々に与えたい」という真心があったわけです。

その一方で、ジョブズという人は戦略家でもあったわけです。

例えば、商品発表までの情報管理を徹底させ、決して情報を漏らさないようにしたのです。そうすることによって、新商品発表のときにみんなの期待がピークになるように持ってくるようにしたのです。

しかし、**脳科学的にいえば、戦略と真心はまったく別の脳の使い方をしているもの**なのです。そこが脳のおもしろいところでもあります。

これは、動物の世界で考えるととてもわかりやすいかと思います。

例えば、捕食者であるライオンと餌となるシマウマの関係が戦略に該当します。

ライオンは餌としてシマウマを食べたいわけですから、そこに真心は当然ないわけです。

また、おなかの空いた鳥が、飛んでいる蝶を見て「蝶がきれいだな」とは思わないわけで、「あれを食べよう」と考えます。

だからこそ、蝶は食べられないような工夫をするわけです。そこには共感関係はありません。

つまり、共感に頼ることができない場面で成立するのが戦略なのです。

そういう意味でいえば、日本人は、ある種、単一民族としてお互いに心が通じ合う部分が多いので、文化的に真心を示すことが戦略だった時代が長かったわけです。

その反面、共感を共有できない人とやり取りするという意味においては、うまくいかないことが多いので、戦略をもっと考えなければいけないと思います。

そこは、日本人が成長しなければいけない部分ではないでしょうか。

白洲次郎のプリンシプルを重んじる脳の使い方

日本のオピニオンリーダーであり、連合国軍占領下の日本で吉田茂《よしだしげる》の側近として活躍し、ＧＨＱ（連合国軍最高司令官総司令部）と堂々と渡り合い、「従順ならざる唯一の日本人」などの評価を得た白洲次郎《しらすじろう》の生き方は、まさに人生の経営判断の素晴らしさに満ち溢れています。

日本が戦争に負けることを見越した上で、1940年頃に古い農家を購入し、そこが武蔵国と相模国にまたがる場所にあったことから「武相荘《ぶあいそう》」と名付けて疎開し、農業に励む日々を送ったのです。

1945年には東久邇宮《ひがしくにのみや》内閣の外務大臣に就任した吉田茂の懇請で、終戦連絡中央事務局（終連）の参与に就任すると、白洲次郎はイギリス仕込みの英語で主張すべきところは頑強に主張していきました。

有名なエピソードとしては、昭和天皇のクリスマスプレゼントをマッカーサーに届けたときに「その辺にでも置いてくれ」といって雑に扱ったマッカーサーに激怒し、「仮にも天皇陛下からの贈り物をその辺に置けとは何事か！」と怒鳴りつけ、そのプレゼントを持ち帰ろうとしてマッカーサーを慌てさせたというものがあります。

「他力本願の乞食根性を捨てよ」「イエスマンを反省せよ」「八方美人が多すぎる」など、日本人の本質をズバリと突き、日本人としての「プリンシプル（原則）」が大事であると説く白洲次郎に対し、時代は違えどもみんなが何か感じるのだと思います。

私はまさに、白洲次郎のような「プリンシプル」な意思決定が現代の経営判断にも必要になってくると思うのです。

それは人生の経営判断、身の振り方、出処進退、すべてにおいてです。「自分はサラリーマンだから関係ない」ということはないと思うのです。

また、白洲次郎は私にとってはケンブリッジ大学の先輩でもあります。

人間の脳というのは、普段自分が接している、動いているテリトリーからかけ離れたところに魅力を感じてしまうという性質があります。

海外留学というのはまさにそういうことなのですが、留学をするまでもなく、何か習い事をしたり、新しい学びのコミュニティを探してみるのもいいかもしれません。

そして、「何を学ぶことで自分が一番変わるのか」という嗅覚を直感的に研ぎ澄ませてみてはいかがでしょうか。

その人自身の感覚で、どういう自分をつくりあげていくかということや、自分が何を求めているかということが段々わかってくるはずです。

第6章

実践！一生お金に困らない脳の使い方

給与所得を維持しながら、事業所得も得るという働き方

終身雇用が崩壊しつつある現在では、「いつクビになってもおかしくない」「会社がなくなるかも」というように、多くの人が会社生活に不安を抱えています。

特に、会社での成績が上位に入るような優秀な社員や問題意識が高い経営者ほど現状に強い危機感を持ち、週末などの時間を利用して社外活動を始めています。

つまり、企業の耐用年数が短くなっている現代において、ある特定の会社だけで働き続けることは丁半博打《ちょうはんばくち》のような危険な賭けなのかもしれません。

確かに、目の前の仕事に一生懸命取り組んで自分の市場価値を高める、ある

いは会社の業務をきちんとやり遂げることによって高まる能力もあると思います。

しかし、会社に勤めるということは、イコール他人に依存した働き方だということでもあります。

上司が変わったことであなたの評価がまったく変わってしまうこともあるのです。組織に属していることで自分ではコントロールできないことが多くなります。

そのようなときの「保険」をしっかりとかけているのが成功者やお金持ちなのです。

簡単にいってしまえば、給与所得を維持しながら事業所得も得るという働き方をしているのです。

ではここで、皆さんに質問です。

皆さんはたとえ1円でも給料以外のお金を稼ぐことができますか。

「会社で副業は禁止されている」あるいは「自分にはビジネスにするほどの特技はない」という人も少なくありませんが、会社での経験や能力、あるいは趣味や子どもの頃からの夢など、自分の人生で得た能力を棚卸しすれば、お金を稼ぐための「種」は誰もが必ず持っているものです。

私の場合でいえば、もともとは一企業の研究者ですから、当然そこでの給料しか出ません。

ところが、本を書くことによって得る印税や講演料、さらにはテレビやラジオに出演したときの出演料などがいろいろと「合わせ技」になって、新たなお金が生まれています。

このように、**収入というのは、その人間がどれだけイノベーションを起こすことができたのかという結果だと、自分の人生を振り返ってみて思うことがあります。**

もちろん、日本の企業では、副業をよしとしないケースも多々あるかもしれません。しかし、これからの時代というのは、やはり収入の多様性を確保するというのは意外と大事なことだという気がしています。

それが脳内イノベーションの結果でもあり、「お金を生む力」が発達するからです。

脳が感じる「ワクワク感」の共感回路の強化が、お金を生む！

私は、人との出会いや仕事ということにおいて、常に「楽しい感」の気配をつくることを心がけています。

楽しそうにしていると、自然に人が集まってくるものです。

以前、あるおもしろい実験の話を聞いたことがあります。

それは、すごいイケメンと普通の人が同じ食べ物を売るというものですが、そのとき、イケメンは笑わず無表情で売る、そして普通の人が笑顔で売ると、やはり笑顔で売っている人のほうに人は列をつくるというものでした。

これは脳科学的な視点から見ると、「何かこの人楽しそう」、あるいは「笑顔の人が売るもののほうが美味しそう」と脳が感じる共感回路の働きによるものです。

人は、相手の感情が移るものなので、「ぶすっ」としている人よりもニコニコ笑っている人のところに行ったほうが幸せに感じるわけです。

そして、「またあそこに行けば幸せになれるかもしれない」と思ってもらうところから、リピーターが生まれてくるのです。

また、接客するほうの人も、「来た人に幸せな気持ちになって帰ってもらう」という考えでいれば、おのずと上機嫌になってきます。

私はいろいろな人と対談する機会に恵まれるのですが、そのとき最も意識するのは、相手の一番いいところを引き出すということです。

そのためには、やはり自分自身が上機嫌に振る舞うことが何よりも大切だと考えています。

相手に「この人はおもしろそうだな」と思ってもらえれば、人は集まってきます。人が集まってくるということは、そこにお金も集まってくるということになるのです。


さらにいえば、今はＳＮＳの発達もあり、人と人、企業と企業がつながりやすい時代です。このようなネットワーク社会においては、コミュニティこそがお金を生むものだと考えます。

だからこそ、やはり**上機嫌にしているとお金が集まってくる**というのは、きっと正しいことなのだと思います。

金持ち脳は、自分の好きなことをお金に変えられる！

お金持ちとまではいかなくても、日々の生活にそれなりの余裕があり、将来への備えもできるくらいにはお金が欲しいと考えている人は多いはずです。

実際、世間ではごく普通のサラリーマンでありながらも、お金を上手に稼いだり貯めたりできる人がいます。

そのような人は**自分と向き合うことで、現在から未来に向けてどれだけのお金を必要としていて、将来どうなりたいかをしっかりと考えている人です。**

例えば、貯蓄にしても「**守りの貯蓄**」なのか、それとも「**攻めの貯蓄**」なのかということを考えなくてはいけません。

自分は守りの安定志向タイプで貯金をしているのか、それとも攻めの上昇志向タイプなのか、さらにはお金とどうやってつきあうタイプなのかを知るということです。

もちろん、一生サラリーマンでいればお金持ちにはなかなか到達することができません。そのとき「攻めの貯蓄」をすることで、お金持ちの道が開ける可能性が増していくわけです。

その方法としては、起業、投資、副業などいくつかあるわけです。

しかし、そういった、今まで経験したことがないことを想像すると、「自分にはできない」と脳がブレーキをかけてしまいがちです。

そこは、**今の自分の延長線上で、好きなことで稼ぐことを考えていけばいい**

わけです。これがお金持ちの人に共通する脳の使い方の特徴でもあります。

お金持ちの脳というのは、お金がうまく回っていく仕組みを考えることが多いものです。

そのとき、自分の好きなことといっても、誰かにとって何かプラスになるようなものを考えるのです。

つまり、お金持ちになれない脳は、せっかく自分の好きなことが社会や人の役に立っているのに、それをお金に変えられないものだということです。

例えば、料理が好きな人は、さまざまな料理についてメルマガで配信するなどの方法があります。

また、ＩＴの発展によって会社に所属しなくても分業ができるようになったことで、無料のブログサービスやアマゾンのようなマーケットサイトを個人がアウトソースできるようになってきました。

つまり、これまでは大きな仕事をするためには企業に入らなければいけなかったのが、小さなベンチャーでも外部のネットサービスを使えば収益を獲得できるという、新しい可能性が出てきたわけです。

このように、何らかの社会との接点がないとお金は生まれません。

これを逆に捉えれば、**社会との接点さえ見つけ出してしまえば、どんなところにもお金を生み出すチャンスは転がっているといえます。**

ウィークタイ（弱い結びつき）が、イノベーションを起こす

お金に関する人間関係は、関係性の頻度、相互性、強さ、親密さなどからストロングタイ（強い結びつき）とウィークタイ（弱い結びつき）に分類することができます。

不況を乗り切って経済が成長したり、新しいお金を生み出すためのイノベーションを起こすためには、家族や親友、あるいは同じ職場の同僚のような強いストロングタイよりも、ちょっとした知り合いであったり、「知人の知人」のような弱いウィークタイのほうが重要なのです。

ウィークタイ理論においては、自分とは異なる文化や業界に属している人たちと、いかに薄く広くつながっていられるかということが、実はその人のポテンシャルになるといわれています。

私は最近、ビジネス関係の会議に行ったときに居並ぶ立派なおじさんたちに聞いていることがあります。

それは、「皆さんの中で、ＡＫＢ48のメンバーを直接知っている方はいらっしゃいますか」というものです。

しかし、今まで「私はＡＫＢ48を直接知っています」という人に巡り合ったことはありません。

もし、そのような人がいたとすれば、私はこういおうと思っています。

それは、「あなたが二つのコミュニティを結ぶ補助線になることができるのです」ということです。そのようなところから何か新しいものが生まれる可能性があるわけです。

多くの仕事が、ウィークタイの結びつきから生まれるものです。社会的に強いコミュニティや同じようなゾーンにいると、そこの中で脳が満足してしまいがちです。これが「安定」と呼ばれているものです。

ところが、**ちょっと離れた人であったり、まったく違う分野の人と仕事をすることで脳は「ワクワク感」を演出し、その結果として、新しいお金を生み出したりイノベーションを起こすことができるようになるのです。**

お金に対する感覚を高めるトレーニング

大きな資産を築いてきた成功者たちの共通点の一つに、「**フィジカルストレン**

グス（身体的な強さ）」というものがあります。

お金を稼げば稼ぐほど、その職責やプレッシャーも大きくなるわけですが、それに耐える**心の強さを支えているのが強靭な体なのです。**

脳科学的な知見から述べれば、運動やトレーニングは脳に良い刺激を与え、神経伝達物質のバランスを整えてくれます。

体が常に健康であることで得られるメリットには、次のようなものが挙げられます。

・沈着冷静で平常心を保つことによって論理的思考力が身につく
・いざというときの選択や決断を誤らない判断力が身につく
・自分の体験やイメージを正確に蓄えることができる記憶力が養われる
・自分が逆境の立場に置かれても粘り強く前向きに考えるポジティブ思考が

身につく

・エネルギッシュでアクティブな行動力が芽生える

これらの特性をひと言でいえば、「脳のセルフコントロール力が高まる」ということです。

運動やトレーニングの効果はこれだけではありません。

脳の注意システムが活性化することによって、ストレスから解放され、やる気と集中力を高めてくれるのです。

私自身、できる限り毎朝ジョギングをするように心がけているのですが、ジムに通わずとも自分のペースでできるトレーニングから始めるのも一つの方法です。

日々のトレーニングは確実に脳と体を活性化して、あなたのお金に対する鋭い感覚を高めてくれるはずです。

お金がいくら儲かったかというのは、結果でしかない

ある、脳科学的におもしろい実験があります。それは、「認知的不協和」というものです。

この認知的不協和とは、自分の気持ちや経験にそぐわない状況に置かれた場合、居心地の悪さを避けようとして、自分を納得させられるように自分の状態を正当化するということが起きる状況を表す社会心理学用語です。

例えば、単調な仕事を報酬の高いグループと報酬の低いグループに同時にやらせると、次第に報酬の高いグループが不平不満をいい始めるという研究結果があります。

報酬の低いグループは自分の中で「なんでこれだけしかお金をもらっていないのに、こんなにつまらない仕事をやっているのだろう」と思います。するとと、自分がつまらない仕事をやっているという事実と報酬が少ないという事実が矛盾するわけです。

その矛盾を解消する方法としては二つしかありません。

一つは報酬を上げてもらうこと。そしてもう一つは、この単調でつまらない仕事をおもしろいと思うことです。

しかし、報酬を上げてもらうということは現実的に難しいので、「自分がやっているこの仕事は価値があることなんだ」と思うようになるのです。

一方で、報酬の高いグループは「自分はこれだけのお金をもらっているからこのつまらない仕事を我慢してやっているんだ」というように考えてしまうので、不平不満を平気で口にしてしまうのです。

このようなことからも、**お金がいくら儲かったかというのは結果でしかない**ということを理解していただけたのではないでしょうか。

いい仕事をしたという満足感が先にあって、その後からついてくるものとしてお金があるのです。

雇用を生み出す企業側にとっても、ただ給料を上げることだけで従業員の満足が得られるわけではありません。

お金だけではなく、従業員の働きがいということを考えて、仕事の設計や職場のあり方を追求していくことがすごく大事なことのように感じます。

仕事の満足度はお金では買えない

いつの時代においても、人材育成は経済成長戦略の核になっていきます。

一般的な経済学の理論で雇用を考えれば、普通は皆、より報酬が高い職業につきたがると思われがちですが、世の中の雇用の仕組みというのはそれほど単純ではありません。

アニメーターというのはすごく給料が低いものです。それでも皆、やりがいを持って喜んでやっているわけです。

一方で、伝統的に金融はすごく給料が高いといわれています。実際にファンドマネジャーをやっている人はボーナスが何億円から何十億円という世界です。ところが、皆が皆ファンドマネジャーをやるかといえばそうではないのです。

人間の脳の中では、仕事のやりがいに対する満足度指数があります。必ずしもたくさん稼げるだけがやりがいだと感じるのではありません。アニメーターや芸術家などは、貧乏でもやりがいに対する満足度が高いので、脳は不幸やストレスをあまり感じないのです。

東京芸術大学では、例えば油画専攻は倍率50倍の狭き門なのですから、アートというものはやはりそれだけの魅力というか、魔力があるのです。

彼らはピカソとか、今の若者の憧れでいえば会田誠さんや宮崎駿さんを目指して入っていくわけです。

ビートルズにしても、最初はバンドでお金を稼げなかったのですが、自分が熱狂できることをただひたすら追いかけているうちに、あれだけのトップスターになったということを歴史が証明してくれています。

現在では、研究の分野でも、いくら博士号を取ったからといっても、引く手あまたの就職先があるわけでもありませんし、一流大学に「栄光の頂点」のような感じで入学しても、将来が約束されるわけではないのです。

このようなことからも、**仕事の満足というのは決してお金で買えるものではない**ということを認識するべきだと思います。

仕事のおもしろさ、やりがいというものは自分で決めるものです。

関連産業まで含めれば、自分の夢をかなえる選択肢はたくさんあるわけです。

一人ひとりの仕事の選び方においては、お金も現実的には大事ですが、それよりも自分が熱狂できることは何かということを基準にしたほうが、結果としていいことになると私は信じています。

最終章

脳内イノベーションでお金を生み出す秘訣

アイデアをお金に変えられる時代

アメリカでベンチャーがこれだけ成功している理由の一つとして、アイデアにお金を出す投資家が多いことが挙げられます。

まさに、**今はアイデアが通貨になっていて、アイデアをお金に変えられる時代だといえます。**

一般的な投資を含め、お金を出したがっている人というのは意外といるので、それこそクラウドファンディングのような一般の人からお金を集めるということもあります。

少し前の話になりますが、東浩紀《あずまひろき》さんと津田大介さんが、約1か月間チェルノブイリへ取材に行く数百万円の経費をクラウドファンディングで集めたそうです。そして、それによって出版された本は2万部ぐらい売れたようです。最初はそこにお金がなくても、いろいろなノウハウやアイデア、東さんと津田さんの人気や知名度が後押しし、お金が集まってきたという、良いケーススタディになる事例だと思います。

また、もう一つの事例としては、子どものときに生活保護を受けていたというある女性が、生活保護についての雑誌を創刊したいということで、やはりクラウドファンディングでお金を集めたところ、あっという間に目標額が集まり、その雑誌が立ち上がったという話もあります。

このような事例を分析すると、**いくら手元に貯蓄がなくても、チャレンジする脳というのは誰もが持っている**ということです。

もともとお金に関する制度というのは、みんながチャレンジすることを前提にリスクをどう分かち合うかということが元で生まれてきています。付け加えれば、お金というのは本来そういうものでなければいけないのです。

大学という教育機関においても、その歴史をひもといていくと、それぞれ学者がいろいろな研究や勉強をしていたのですが、それを学生たちが「ここにすごい学者がいるから学びたい」ということでクラウドファンディングに近いかたちで学生がお金を出し合って自然発生的に生まれたのです。

そのような原点に戻れば、**大学にしても会社にしても、チャレンジのための安全基地になるはずです。**ところが、それが現在のように何か確立したものになってしまうと、徐々に過保護型になってきてしまうのです。

学歴優先社会、あるいは一流企業のブランドに頼ってしまうことで、もし会社が傾いてしまったり、リストラされるかもしれないときにどのように対処するのでしょうか。

そう考えれば、この過保護型の偽りである安全基地は何の保証にもなっていないことがわかるはずです。

おそらく、多くの人の認識の中には「何だかんだいっても、いい大学を出ていなければ話にならないでしょう」「一流企業であれば終身雇用みたいなのがあるんじゃないか」というものがあるかもしれませんが、**この過保護型の安全基地というのは「接近戦」にはある程度の対応が可能かもしれませんが、距離が遠くなると役に立たないことがあります。**

わかりやすくいえば、いくら東大のような一流大学を出たとしても、それは日本では通用しますが、外国に行ったらまったく通用しないということです。

それは企業でも同じです。よほどの国際的ブランド企業でない限り、日本で大企業といったところで、グローバルの土俵ではお金を生み出すことはできません。

現代でお金を生み出すもの。それは個人や企業の発想力、つまりはアイデアなのです。

世界のアイデアが飛び交う、極上のカンファレンス「ＴＥＤ」

アイデアが通貨になるということに最初に気づいて実践したのはＴＥＤです。

ＴＥＤとは、（Technology Entertainment Design）の略で、ここ数年カナダのバンクーバーで開催されており、世界のアイデアが一同に集結する大規模な講演会で、「テドカンファレンス」（TED Conference）とも呼ばれています。

私も毎年このＴＥＤに参加しているのですが、学術、エンターテインメント、デザインなど、さまざまな分野の著名人がプレゼンテーションを行っています。

過去にはジェームズ・ワトソン（ＤＮＡの二重螺旋《らせん》構造の共同発見者でノーベル賞受賞者）、ビル・クリントン（元アメリカ合衆国大統領）、セルゲイ・ブリンとラリー・ペイジ（Google の共同創始者）、ジミー・ウェールズ（オンライン百科事典 Wikipedia の共同創設者）、ボノ（ロックバンドＵ２のボーカリスト）など、各界の最前線で活躍する研究者、実業家、アーティストなどが世代や国境を越えて登壇しています。

また、アイデアが良ければ一般的には無名な人物でも数多く選ばれ、プレゼンテーションすることができます。

ＴＥＤが「極上のカンファレンス」と呼ばれる所以《ゆえん》は、出席するには年会費１０００ドル(約１５０万円)を支払ってＴＥＤの会員になる必要があるからです（２００６年からカンファレンスの内容をインターネット上で無料動画配信するようになりました)。

"Ideas worth spreading"（広める価値のあるアイデア）というモットーをもとに、一人のプレゼンターに与えられる時間は長いものでも20分程度、中には5分程度のものもあります。

しかし、綿密に準備されたプレゼンテーションは情報としてとても有益である、つまりはお金に変えることのできるアイデアだということです。

ＴＥＤの講演は基本的に英語で行われていますが、現在ではその多くを日本語字幕付きで閲覧することができます。

このように、ＴＥＤではアイデアをお金に変えるノウハウを展開しているというのが彼らのビジネスモデルにおける本質であり、それだけのお金を払ってでも、そこに行かなければ聞けないアイデアがあるということが、アイデアがお金になる時代になったという証しでもあるのです。

ついに語学力をお金に変えられる時代がやって来た

語学もお金に変えられる時代になったといえます。

語学を学ぶことの意味、例えば英語を学ぶ意味としては、インプット（情報収集）の重要性が挙げられます。

英語ができないと、クオリティの高い情報を迅速に手に入れるということが、なかなか難しい状況だといっても過言ではありません。

私が見ている限りでは、英語の情報で見るべきもののうち、日本語に翻訳されているものはせいぜい100分の1もないのではないかと思うからです。

例えば、日中関係や日米関係を考えるとき、日本の総合論壇誌を参考にしようとしても、そこに載っている情報というのはかなり国内向けのものです。その一方で、アメリカの「フォーリン・アフェアーズ」や「フォーリンポリシー」、さらにはイギリスの「エコノミスト」などに載っているものは、世界の良質な識者が見た日中関係や日米関係についての情報なのです。

国内で発信されている情報は、どうしても「国内向け」になっています。世界におけるクオリティの高い情報発信は英語で書かれているため、それを読むことで冷静かつ客観的な視点で物事を考えることができるようになります。もちろん、それらが翻訳されているケースもあるのですが、私が目にしているものだけでも、それらの情報というのはわずか1％程度だと思うのです。

そこで、グーグルなどが努力して翻訳の開発を行ってはいますが、現実問題として機械翻訳というのはまだまだ使えません。そこで必要になってくるのが英語力というわけです。

この語学力こそが、これからの時代はお金に変えられる新しい通貨になり得ます。その中でも、特に私が重要だと考えるのがインプットなのです。

英語のインプットの能力を手に入れると、単に有益な情報を手に入れられるだけではなく、自由な発想とコストダウンを手にすることができます。

これはどういうことかといえば、当然ですが私たちのビジネスには「翻訳」という仕事があります。これをアウトソースすれば当然ですがコストがかかります。しかも、大抵はこのような「翻訳ビジネス」というのは高コスト体質です。

義務教育や大学もそうですが、日本の教育現場においては国文学のような分野を除けば、欧米から知識のごく一部を輸入して国内に再分配している構造があります。

数学や科学、さらには芸術といった分野もしかりです。

つまり、そこには「翻訳」というコストが存在しているということなのです。付け加えれば、多くの文化や産業もそうです。

そこで、ぜひとも考えてみてください。

もし、自分が英語を理解できるようになれば、ほとんど無料に近いようなコストで最先端の情報に接することができるようになるわけです。

英語ができるようになれば、瞬間的に外国の大学のオープンコースウェアも見ることができますし、世界中のありとあらゆるレクチャーを受けることができるわけです。

さきほどご紹介した「ＴＥＤ」にしても、それこそカナダのバンクーバーに行くための費用や参加費を払わずに、無料で閲覧することができるので、有益な情報を手に入れることができるようになります。

つまり、そのような有益な情報のインプットは、他者との情報差別化を図ることができるので、新たなお金を生み出すエネルギーになるということです。

このように、英語の読解力を手にすることによって、日本人が得られるメリットというのは計り知れないところがあります。

もちろん、今は就職の要件としても英語を要求する企業が非常に多くなってきているので、そこにはアウトプットも含めたより実務的な英語能力が必要になってきます。

日本人が苦手とする英語のアウトプット

続いては、英語のアウトプットについてです。

英語で自分のいいたいことを表現するというスキルにおいて、まだまだ日本人はかなりの苦手意識を持っていると私は感じます。

私自身もこのアウトプットについては少しずつやっているところなのですが、アウトプットができると、やはり自分の価値も高めることができるようになります。

たとえば、多くの外国人に日本の魅力を知ってもらうために、「いかに日本という国が素晴らしいのか」ということをどんどん英語で発信してみてはいかがでしょうか。

まさに、それを実践しているのが、銀座の有名なお寿司屋さんの久兵衛です。お寿司というは本当にグローバルになってきていて、久兵衛の旦那さんは安倍首相と一緒に世界を回り、「日本の寿司は素晴らしいので、ぜひ日本に食べに来てください」と案内するというミッションに取り組んでいるそうです。

お寿司屋さんやお蕎麦屋さんなどもそうですが、現在は日本の文化輸出の時代です。そういう時代だからこそ、私たちはもっと英語で日本という国を発信することで、日本の付加価値を高めることができると思うのです。

このように、英語でアウトプットできる最大のメリットとしては、自分自身、さらには自分の会社、ひいては日本という国をアピールできるということですが、それと同時に「相手に理解してもらう」というメリットもあります。

靖国神社や従軍慰安婦の問題にしてもそうですが、なぜあのような国際的スキャンダルになってしまうかといえば、日本国内で行われている議論と世界的に行われている議論にズレが生じているからです。

これは語学の問題も少なからずあり、国内と国際的な報道の間に摩擦を起こしてしまっています。これはかなり国益を損なっているということになります。だからこそ、英語を使って日本の立場や考えを世界に向けて発信するべきなのです。

有益な情報や多くの文化や学問や産業を外国からインプットし、それを国内で再分配することで経済は回っていきます。

そのパイはどんどん縮小しているので、今度は日本から情報をアウトプットさせることになれば、経済がよりグローバルに回るようになり、マーケットが一気に広がっていくのではないでしょうか。

このマーケットはまさに「ブルーオーシャン」（広がる大海原）です。手つかずのマーケットを視野に新規参入しブレイクすれば、とても大きな効果が期待できます。

そのためには、語学をお金に変えるという発想が必要になってくるのです。

日本の教育に必要な破壊的イノベーション

日本の教育を考えたときに、まずは大学を破壊的イノベーションで変えたいなと常々思っています。

なぜならば、それをしなければ成長は難しいと考えているからです。

たまに冗談でいっているのは、「東大の入学定員を100万人にしよう」ということなのですが、もう少し具体的なお話をしたいと思います。

最近、私が学生たちによくいっているのは、「君たち、学費はいくら払っているの？」ということです。

私立でいえば早稲田や慶応で年間１５０万円ぐらいは払っていると思うのですが、年間にそれだけの金額を払う産業はなかなかありません。

つまり、教育というのはそれだけのお金が動いているということなのです。

今の学生たちが１５０万円の車を購入するでしょうか。

そう考えれば、年間１５０万円も払う大学という産業に、私は違和感を持っています。

では、ここで学生の皆さんに質問です。

学生の皆さんは大学に150万円という大金を払っているわけですが、ではどのようなサービスを受けているのでしょうか。

「もし150万円支払ってくれるのであれば、今後はもっとすごいサービスを提供してあげる」という人や企業が出てきてもおかしくありません。

例えば、オープンコースウェアを英語ベースで行い、論文の採点もオートメーションで対応できるようになれば、それこそ本当に100万人の講座ができるかもしれません。

現在の大学における講義では、一つの教室に学生はせいぜい100人や200人です。さらには、いろいろな教授がいてその質もさまざまです。

つまり、そのような物理的な制約がなければ、私はマイケル・サンデル教授のような質の高い授業を5万人以上の学生が受講でき、論文を出して、採点してスコアリングもできるような仕組みができると考えているのです。

そのほかにも、150万円あればいろいろなサービスを展開することができます。

例えば、そのうちの30万円を使って夏休みは外国での1か月英語研修もできてしまいますし、インターンシップの準備金に充てることだってできるはずです。

私は大学批判をするつもりはまったくありませんが、今の大学の産業構造というのは既得権益の渦中で進化（革新）が完全に止まってしまっている状況なのです。

だからこそ、イノベーションを起こすことで一気に変えられるチャンスがあると思うのです。

大学という場所は学業以上に人間力を養う場でもあります。

そのような意味でいえば、大学はイノベーションを起こしやすいと思います。それによって、いろいろな見方が変わっていくからです。

ここで一つ例を挙げれば、アメリカのハーバード大学は年間で400～500万円の学費を取っています。これはすごく高いのですが、この大学には「バリュー・フォー・マネー」という、それだけの見返りがあります。

現在では世界中のお金持ちがハーバード大学に子弟を送ろうとしています。ハーバード大学には「ハウス」という制度があり、国籍や家柄は関係なく、寮の中で学生が生活するようになっていて、寝食を共にしながらいろいろと議論しているのです。

フェイスブックを創業したマーク・ザッカーバーグもその一人です。

そこでは、大学の授業プラス、ハーバードの4年間で得られる経験価値、さらには非常に密度の濃い人間関係が構築できるのです。

ギャップイヤーによるイノベーション

日本の場合、大学ランキングは入試偏差値で決まります。

ところが、教育には歴史と定評があるイギリスの「タイムズ」が、新聞の付録冊子として毎年秋に発行している高等教育情報誌である「タイムズ・ハイアー・エデュケーション」の大学ランキングでは、入試偏差値は見ていません。

大学での教育、研究、社会的な貢献度といった「質」を見ているのです。

つまり、偏差値競争を廃止し、実質の4年間で大学が勝負する時代が日本に来れば、それはイノベーションだということなのです。

また、私は日本の大学に「ギャップイヤー制度」の導入を提唱しています。

このギャップイヤーというのは、イギリス大学教育制度の習慣の一つで、入学資格を取得した18歳から25歳の学生が社会的見聞を広めるため、入学までに1年の猶予（GAP＝すき間）期間を与えられる制度です。

学生はその間に外国に出かけたり、長期のアルバイトやボランティア活動を行うことができます。

これによるメリットとして、学生に、お金というものとの向き合い方やつきあい方が学べる機会を与えられること、さらには国際競争力の向上が挙げられます。

日本の学生は大学については、「単位を取って就職するための方便」だと考える人が非常に多いと感じます。

夏目漱石の『三四郎』の中に、三四郎が大学に最初は期待して行くのですが、与次郎が「あんな授業だめだよ」といい、実際におもしろくないから段々授業に出なくなってしまうというエピソードがあります。

ここに、当時から続く日本の大学の授業の期待値の低さがあるわけで、これを変えていかなければいけないと思うのです。

シェアハウスに学ぶイノベーション

以前、ヒューマン・ライツ・ウォッチという団体のチャリティで、「茂木健一郎を12時間拘束する権利」というオークションを開催したことがあります。

この権利を落札していただいたのが、麻生次郎さんというシェアハウスを運営している方でした。

そのときにシェアハウスについていろいろとお話を伺ったのですが、それはとても興味深いものでした。

シェアハウスというのはすごくおもしろいイノベーションなのです。

部屋にバスもトイレもなくて狭いので、普通であればそのような物件は誰も入らないだろうと思われがちですが、なんと満室だそうです。

シェアハウスを利用している人はほとんどが社会人で、いろいろな業種の人が一緒に生活しているそうです。

初期の頃は、シェアハウスに慣れている外国人が中心だったようですが、今は急速に日本人にも広がっているようです。

銀行に勤めている人がシェアハウスに住んでいて、上司に「なんでシェアハウスなんかに住んでいるんだ？」といわれているそうなので、まだまだ世間の感覚としてはシェアハウスの魅力が浸透していないようです。

しかし、よく考えてみれば、「コミュニティビルディング」という意味においてはすごく重要なのです。

では、このシェアハウスがなぜイノベーションなのか。

それは、**シェアハウスにおいては、異業種交流や友人との交流があり、さまざまな情報や英知の共有が行われるからです。**

このようなことは、アップル社の創業者であるスティーブ・ジョブズやスティーブ・ウォズニアック、マイクロソフトのビル・ゲイツ、グーグルのブリンとペイジも実践していたことです。

さらに日本でいえば、漫画家が集まったトキワ荘もシェアハウスです。手塚治虫、赤塚不二夫、石森章太郎、藤子不二雄など、そうそうたる漫画家たちがそこでしのぎを削ったわけです。

また、私は松下村塾に行ったときにつくづく思ったのが、吉田松陰と生徒との距離がとても近いということです。

また、福沢諭吉が学んだ適塾では、一つの蘭和辞書をみんなが共有していたといいます。

このように狭いところでは「志の共同体」というものが確立されていくわけです。

そして、この志の共同体というのは、密度の濃いコミュニティでなければ、なかなか生まれないという部分があります。

つまり、実はシェアハウスというのは、ＩＴのみならず、起業支援にはもっ

てこいのイノベーションなのです。

シェアハウス側が大学にそのようなノウハウを提供したとすれば、きっとすごい大学ができるはずです。すごい大学ができれば、すごい学生が生まれます。そしてすごい学生が生まれれば、経済が動くというわけです。

そのような意味で、シェアハウスというのはお金を超えたコミュニティの価値というものを象徴している現代的な動きだと思います。

このイノベーションということを考えたとき、今までなかったものが出てくると最初は戸惑うこともありますが、誰もまだ手をつけていない、つまりは競争相手がいないということがお金を生み出すきっかけになります。

そこを狙うのが成長戦略としては一番正しいのです。

競争相手だらけであれば、そこで競争に勝ってもあまり大した勝ち方はできません。

時代のニーズにマッチした、まったく今までにないような社会の仕組みをつくったり、人材を養成するのです。

例えば、「うちの大学はグーグル本社のような会社に行く学生を育成します」という明確なミッションを持つ大学があれば、確実にイノベーションは起こるはずです。

ブランド力の持つイノベーション

ルイ・ヴィトンにしてもエルメスにしても、歴史のあるブランド品はもちろん高価です。

しかし、ブランドが「いかに高いものを多くの人に売りつけて利益を最大化するか」ということをもって運営されていれば、あっという間にブランド価値は下がってしまいます。

ブランドの価値というのは，まさにイノベーションを起こした企業の「イノベーションプレミアム」です。

ブランド構築というのは、ある種のイノベーションであり、しかもなかなか真似ができないものでもあります。

コカ・コーラにしても原液の配分を企業秘密にしていますし、ケンタッキーフライドチキンも調合スパイスの製法は公開していません。

このような原液配合やスパイス製法を作り出したというのが、一つのイノベーションだったわけです。

このような、誰も知らないことがコカ・コーラやケンタッキーフライドチキンというブランドの神秘性や吸引力を保っているのです。

実は、成功して持続しているブランドは、「なぜそれだけの力を持つのか」という理由を誰も知らないのかもしれません。

それは、金銭価値で換算できないものであり、利益というのはあくまでも結果にすぎないということです。

アップルもそうですが、非常に吸引力の強いブランドというのは、お金を超えたストーリーがあります。

日本の最強のブランドである天皇陛下もまた、お金とまったく関係のない世界で生きていらっしゃいます。

そのような経済的なことに一切おかかわりにならないというのが、皇室の価値を生み出しているわけです。

おわりに　あなたの脳が豊かで明るい未来をつくる！

私がこれまでの人生で最も大きな経営判断をしたのが、大学で法学部に進んだということかもしれません。

結果としては中途半端に終わってしまったのですが、私にとってはとても大きな決断だったように思います。

また、脳科学の研究に移ったのも大きい決断でした。

当時の脳科学はまったくはやっていなかったので、これほどの脳科学ブームになるなど想像もしていませんでした。

このような人生の大きい選択や決断というのは、すべてが自分の経営判断になってきます。

ケンブリッジ大学に留学したこともそうですが、留学先をイギリスにしたのもアメリカよりイギリスのほうがステータスが高いと思っていただけなのですが、今であれば私は迷わずアメリカに行くと思います。

そう考えれば、私があのときにもしアメリカに行っていたら、また全然違う人生だったと思います。

人生にはその局面によって分かれ道があり、その分かれ道でどういう投資をするか、あるいはどちらの道を行くかということで人生が大きく変わっていくわけです。

難しい道と簡単な道があった場合、「難しい道を選びなさい」といったのはアインシュタインですが、常に難しい道を選べばいいという問題でもありません。

そこで大切なのは、もう一つのプランを常に考えておくということです。「自分には他の可能性があるけれども、今はこれを選んでやっているんだから、今はこれを悔いのないように一生懸命やろう」ということで人生が輝く瞬間が訪れるわけです。

ジョブズの言葉にもあるように、「もし、今日が最後の日だとしたら君がやろうとしていることを今日君はやるか」ということも考えてみることです。

これから多くの選択や決断を迫られる若い人たちには、人生の分かれ道が来たときに、「これが経営判断なんだ」ということをぜひとも意識してほしいと思います。

それこそがお金持ちになるための脳の使い方だと私は思っています。

これまでは、なるべく自分で判断しないようにしようという考え方で生きてきたかもしれません。大学入試でさえ偏差値で決めればいいと思っていたかもしれません。

しかし、本来であれば「自分が何を学びたいのか」ということを考えてほしいのです。

「自分の偏差値だと行ける大学はここ」というだけで大学を決めてしまうことは、選んでいることにはならないのです。

仮に、すべての大学の偏差値がフラットだったとして、どこの大学が自分に一番合っているかなと考えれば、きっと真剣に選ぶはずです。

それは就職も同じで、すべての企業がフラットだったら、自分はどんな仕事がしたいのだろうかと真剣に考えるはずです。

脳科学の研究をしている私の立場からすれば、「日本人が本当に選んでいることとは何なのだろう」といつも疑問に感じてしまいます。

経営や投資、あるいはお金を儲けるという人生の基本の中で、何事にも「自分はこれがいいんだ」と決断して選べる人はお金持ちの素質があるといえます。

脳というのは、意識的に「選ぶ」ということを繰り返すことで一番鍛えられるのです。

人生の経営判断において重要なのは、「自分の人生の主役は自分なんだ」と思うことです。

本書はお金について書き進めてきましたが、今後自分がどのように生きていきたいかという人生プランがあって、その上にお金のプランがあると考えたほうがいいのかもしれません。
なぜなら、お金について突き詰めていくと、たどり着く終着駅は人生観になるからです。
会社経営や投資、さらにはお金持ちになるというようなことは、何か特別なことのように思うかもしれませんが、実はそれらは、どう生きるかということとまったく同じことだと私は思うのです。

最後になりますが、本書がこうしてできあがるまで出版プロデューサーの神原博之さんには本当にお世話になりました。心からお礼を申し上げます。

茂木健一郎

茂木《もぎ》 健一郎《けんいちろう》

脳科学者。1962年10月20日、東京生まれ。ソニーコンピュータサイエンス研究所上級研究員。東京大学大学院特任教授（共創研究室、Collective Intelligence Research Laboratory）。東京大学大学院客員教授（広域科学専攻）。屋久島おおぞら高校校長。東京大学理学部、法学部卒業後、東京大学大学院理学系研究科物理学専攻課程修了、理学博士。理化学研究所、ケンブリッジ大学を経て、現職。脳活動からの意識の起源の究明に取り組む。2005年、『脳と仮想』（新潮社）で第4回小林秀雄賞を受賞。2009年、『今、ここからすべての場所へ』（筑摩書房）で第12回桑原武夫学芸賞を受賞。近著に『クオリアと人工意識』（講談社）。IKIGAIに関する英語の著作が、世界31カ国、29の言語で翻訳出版される。2022年4月には、二冊目の英語の著作The Way of Nagomi（「和みの道」）が出版された。

出版プロデューサー　神原博之（K.EDIT）
装丁デザイン　大前浩之（オオマエデザイン）
本文デザイン　尾本卓弥（リベラル社）
DTP　杉本礼央菜（リベラル社）
編集人　安永敏史（リベラル社）
編集　伊藤光恵（リベラル社）
営業　津村卓（リベラル社）
広報マネジメント　伊藤光恵（リベラル社）
制作・営業コーディネーター　仲野進（リベラル社）

編集部　中村彩・木田秀和
営業部　澤順二・津田滋春・廣田修・青木ちはる・竹本健志・持丸孝・坂本鈴佳

※本書は2013年に総合法令出版より発行した『金持ち脳と貧乏脳』を改題し、再構成し文庫化したものです。

一生お金に困らない脳の使い方

2023年12月25日　初版発行

著　者　茂木健一郎
発行者　隅田直樹
発行所　株式会社 リベラル社
〒460-0008　名古屋市中区栄3-7-9　新鏡栄ビル8F
TEL 052-261-9101　FAX 052-261-9134
http://liberalsya.com
発　売　株式会社 星雲社（共同出版社・流通責任出版社）
〒112-0005　東京都文京区水道1-3-30
TEL 03-3868-3275
印刷・製本所　株式会社 シナノパブリッシングプレス

ISBN978-4-434-33131-2　C0136

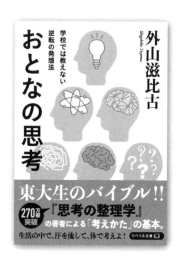

弘兼流

70歳からの楽しいヨレヨレ人生

著者：弘兼憲史　文庫判／192ページ／¥720＋税

人は人、自分は自分。
幸せの尺度は自分で決めるもの

「島耕作」シリーズで 人気の漫画家・弘兼憲史による待望のエッセイ。楽しいことも辛いことも、嬉しいことも悲しいことも適度に混ざっているほうが、人生は面白い。70歳を迎え、ヨレヨレになっても、現状を受け入れ、楽しく生きるコツを紹介する。